# Tout savoir sur les Marées

**Odile Guérin**

*A mon père qui m'enseigna la Cosmographie*
*et me légua des gènes de marins*
*A ma mère qui m'enseigna la géographie*
*et me donna la curiosité de la nature*
*A eux deux qui firent ce que je suis*
*A eux deux qui ne sont plus*

**Éditions Ouest-France**

# Un phénomène
## surprenant et fascinant

*Trégastel-Ploumanac'h (22), soleil couchant trente secondes avant la grêle.*

Qui n'a jamais rêvé devant un paysage maritime ?

Qui n'a jamais laissé vagabonder son esprit devant l'horizon infini ?

Mais qui, en découvrant la mer pour la première fois, n'a pas été surpris de ses états changeants ? Tantôt calme, tantôt démontée selon le vent... tantôt bleue, tantôt grise selon le ciel...

Et surtout, qui ne s'est pas étonné de voir, pour peu qu'il se trouve en Atlantique, la mer bouger, submerger des étendues où il marchait quelques instants plus tôt, ou découvrir des espaces insoupçonnés qui, en quelques heures, seront de nouveau recouverts ?

Ce phénomène naturel, c'est la marée. Très vite, l'observateur comprendra que la mer n'agit pas de manière anarchique, mais avec une certaine régularité, et que des lois régissent ces mouvements.

S'il revient tous les jours au même endroit et à la même heure, il notera que cette belle régularité cache une nouvelle irrégularité qui, elle aussi, se révélera périodique.

*Trébeurden (22), 29 février 2004 à 12 heures (pleine mer de coefficient 26).*
*Le très faible coefficient de marée en fin de déchet permet de voir le niveau atteint par la mer les jours précédents grâce aux laisses de pleines mers.*

En voyageant, il s'apercevra que l'amplitude varie d'un endroit à l'autre.

Les marées représentent donc un phénomène naturel aux multiples facettes. Tout en conservant une vision poétique, nous allons nous attacher ici à démonter un à un les mécanismes provoquant le fonctionnement de ce phénomène, vieux de plus de quatre milliards d'années.

*Beauvoir-sur-Mer (85) : Le Gois de Noirmoutier, pleine mer et basse mer (marnage = 4,5 m).*

8 h 25 : 9,5 mètres.

11 h 01 : 5 mètres.

13 h 58 : 0,65 mètre.

*Trébeurden (22), 7 octobre 2002 : coefficient 115.*

*Heure après heure, l'estran se découvre avant d'être de nouveau recouvert par la mer. La journée s'est écoulée, la mer a baissé, puis est remontée encore plus haut.*

# Historique
# des marées

*Arromanches (14) par tempête d'Est : le plus grand port artificiel du monde, construit en juin 1944.*

# L'Antiquité : l'observation

Les textes anciens parlant des marées sont nombreux, du moins pour les mondes grec et romain dont notre civilisation a hérité.

Jules César (101-44 av. J.-C), en abordant notamment les côtes bretonnes (probablement du côté du golfe du Morbihan) en 52 av. J.-C., fut surpris par les marées, et il les évoque à maintes reprises dans la *Guerre des Gaules* :

*« Il est très difficile de naviguer sur cette mer immense et sans abri, avec ses grandes marées et peu ou point de ports. »*

*« Un vent léger venant d'Afrique le poussa d'abord, qui tomba vers minuit. La marée l'emporta très loin. A la lumière du jour, il s'aperçut que la Bretagne était dépassée. Profitant du changement de marée, on gagna à la rame l'endroit qui l'été précédent avait été reconnu favorable pour un débarquement. »*

*« Les villes des Vénètes sont situées en général à l'extrémité d'une langue de terre ou sur un promontoire et il est impossible d'y accéder à pied lorsque la marée monte du large, ce qui arrive deux fois en vingt-quatre heures, ni sur des vaisseaux, parce que lors du retrait de la marée, ils échoueraient sur les bas-fonds. »*

*« Il advint que cette nuit la Lune fut pleine et la marée de l'océan très haute. Les nôtres ne le savaient pas. Il s'ensuivit que les navires qui avaient servi au transport de l'armée, et qui furent tirés à sec, se trouvèrent remplis d'eau. »*

*« Pour qu'on puisse charger les bateaux et les tirer à sec plus rapidement, il fallait les faire un peu plus bas que ceux dont nous nous servons habituellement sur notre mer, et cela d'autant plus qu'ici les vagues étaient moins hautes par suite de changements fréquents des marées. »*

**Jules César**, le Méditerranéen, en conclut sagement :

*« Les Vénètes sont supérieurs aux autres peuples, par leur science et expérience des choses de la mer. »*

*« Naviguer sur une mer fermée est une chose, naviguer sur l'océan qui n'a ni fin ni limites en est une autre. »*

Jules César ne connaissait pas ses classiques. Bien avant lui, celui qui fut peut-être le plus grand navigateur de tous les temps, le Marseillais **Pythéas** (IVe siècle av. J.-C.) découvrit lui aussi les marées atlantiques, mais surtout il fit le lien avec l'astronomie. Il fut le premier Méditerranéen à oser franchir le détroit de Gibraltar (au-delà duquel on disait qu'il ne fallait pas aller, car on le pensait majoritairement à l'époque, la Terre était plate comme une assiette, et Gibraltar représentait le bord de l'assiette ; aller au-delà signifiait la chute dans les espaces infinis). Il navigua sur des mers inconnues qu'aujourd'hui on appelle océan Atlantique, Manche, mer du Nord, mer Baltique... Peut-être même alla-t-il en Islande, voire jusqu'au Spitzberg... Son voyage dura plusieurs années. Il fit probablement naufrage car il resta plusieurs mois au même endroit, assez longtemps pour observer les marées et noter l'existence de deux marées

*Talmont (17) : carrelets.*

par jour lunaire, les plus ou moins grandes amplitudes selon les phases de la Lune, les marées d'équinoxe... Bref, il fit suffisamment de découvertes pour faire le lien entre la mer et l'astronomie, entre les marées, la Lune et le Soleil.

Revenu à Marseille, Pythéas a relaté ses explorations dans sa *Description de l'Océan*, qui remporta un grand succès au cours de l'Antiquité. Malheureusement cet ouvrage ne nous est pas parvenu et nous ne le connaissons qu'à travers les citations d'auteurs de l'Antiquité. Mais il fut le point de départ de la théorie astronomique des marées. A la même époque, un autre Marseillais **Euthymènes**, qui, lui, avait navigué le long des côtes africaines atlantiques, fit apparemment une découverte similaire. Avant ces deux explorateurs, on estimait que les marées (connues dans certains recoins de la Méditerranée) étaient produites par des vents d'origine solaire. C'était encore l'opinion d'Aristote (384-322 av. J.-C.). D'autres pensaient que les marées étaient des exutoires de réservoirs sous-marins, une respiration cosmique, ou bien encore les battements du cœur de la Terre...

La théorie des Marseillais a été adoptée et complétée aux siècles suivants par le géographe et astronome alexandrin **Erathostène** (284-192 av. J.-C.), puis par **Séleucos** qui observa les marées de la mer Rouge et par **Posidonios de Rhodes** (135-51 av. J.-C.), professeur de Cicéron, qui étudia notamment les marées espagnoles dans son traité *De l'Océan*.

Tous ces auteurs, dont les livres sont perdus, sont connus par des citateurs : **Erathostène**, **Séleucos** et **Posidonios** par **Strabon**, qui a publié une *Géographie* au Ier

*Le Vivier-sur-Mer (35).*

siècle de notre ère ; **Euthymènes** par le médecin **Galien** (131-201) ; **Pythéas** par **Aetius** (390-454).

La théorie lunaire des marées est acquise au début de l'ère chrétienne. On la trouve énoncée, du côté grec, par du « pseudo **Aristote** » dans *Traité du Monde*, par **Philon d'Alexandrie** (13 av. J.-C.-54) dans *Lois spéciales*, par **Cléomède** (Ier siècle av. J.-C.) dans *Théorie élémentaire*, par **Plutarque** (49-125) dans *Opinions des philosophes*, par **Claude Ptolémée** (90-168) dans *Tetrabiblos*, et, du côté latin, par **Sénèque**, **Manilius**, **Pomponius Mela**, **Lucain**, **Apulée**, **Ambroise de Milan** et **Isidore**.

A partir du début de notre ère, le commerce de l'étain entre la Méditerranée et les Bretagnes (grande et petite) voit se généraliser la navigation atlantique, qui avait débuté avec Pythéas. Mais les marées surprennent encore :

**Pomponius Mela** (Ier siècle), dans sa *Géographie*, décrit des marées fluviales comme *« de très grands fleuves, qui alternativement tantôt s'écoulent dans la mer, tantôt remontent vers leur source »*.

**Diodore de Sicile** (90-20 av. J.-C.) décrit ainsi des coutumes de Bretons qui lui paraissent étranges :

*« A la marée basse, en effet, le passage étant à sec, ils transportent dans cette île, sur des chariots, de grandes quantités d'étain. Il y a quelque chose de bien particulier dans ce qui se passe pour ces îles toutes proches entre la côte britannique et l'Europe : à marée haute en effet, le passage se remplissant, elles font l'effet d'être des îles, mais à marée basse, la mer s'étant retirée, et ayant laissé le sol largement à sec, elles apparaissent comme des presqu'îles : c'est donc là que les marchands*

*étrangers viennent faire leurs achats aux indigènes, et c'est de là qu'ils font transporter cet étain en Gaule. »*

**Priscien de Lydie** (auteur grec du IIe siècle apr. J.-C.) note aussi :

*« Quant aux flux qui se produisent chaque mois, ils surpassent de beaucoup ceux qui se font chaque jour ; en effet, lorsque la Lune est en quartier, la mer s'avance moins ; lorsque au contraire la Lune est en conjonction avec le Soleil, et aussi à la Pleine Lune, l'océan est fortement soulevé ; le flux se montre animé d'une grande vitesse et couvre une grande étendue de terre. »*

Mais l'exposé le plus complet et le plus intéressant sur le sujet se trouve dans l'*Histoire naturelle* de **Pline l'Ancien** (23-79) :

*« La cause des marées réside dans le Soleil et la Lune. Entre deux levers de la Lune, la mer monte deux fois et redescend deux fois dans chaque intervalle de vingt-quatre heures. D'abord à mesure que la sphère s'élève avec la Lune, les flots se gonflent ; puis après son passage au méridien, pendant qu'elle s'incline vers le couchant, ils s'abaissent pour recommencer leur crue, lorsque du couchant la Lune s'enfonce dans les parties inférieures du ciel et s'approche de la région opposée au méridien, et ensuite se retire jusqu'à son nouveau lever. »*

Le rythme diurne est noté.

*« Jamais les marées ne se reproduisent au même moment que le jour précédent, comme si elles haletaient par la faute de l'astre avide qui attire à lui les mers pour s'abreuver, et se lève constamment en un point différent de la veille, mais pourtant elles alternent à intervalles égaux, toutes les six heures, non de celles qui varient selon le jour, la nuit ou le lieu, mais équinoxiales, de sorte que les périodes des marées paraissent inégales, évaluées en heures vulgaires, toutes les fois qu'à ces dernières, soit de jour, soit de nuit, correspond un nombre plus grand d'heures équinoxiales, et ne sont égales qu'à l'équinoxe. Voilà une preuve considérable, pleine de lumière et même quotidiennement parlante, de la stupidité qu'il y a à nier que les astres passent sous la Terre et surgissent de nouveau. »*

L'auteur explique le décalage quotidien dans les heures de marées, exprimé de manière un peu complexe par la façon romaine de diviser le temps, les heures étant variables selon les saisons.

*« L'action de la Lune présente de multiples variations, et d'abord tous les sept jours. De fait, les marées sont médiocres depuis la Nouvelle Lune jusqu'au Premier Quartier, montent ensuite avec plus de force et atteignent leur plus haut degré d'impétuosité lorsqu'elle est pleine. Puis elles s'affaiblissent, égales au bout de sept jours à leur premier état, pour augmenter de nouveau quand le quartier de Lune est tourné de l'autre côté. Au moment de la conjonction, elles égalent les marées de Pleine Lune. »*

La concordance de l'importance des marées avec les phases de la Lune est déjà remarquée (rythme bimensuel).

*« Tout cela est augmenté par les influences annuelles du Soleil : aux deux équinoxes correspondent les deux marées les plus hautes et à celui d'automne plus for-*

*tement qu'à celui de printemps, tandis qu'elles sont très faibles au solstice d'hiver et surtout au solstice d'été.* »

Ce sont les fameuses marées d'équinoxe (rythme semestriel). Mais l'assertion selon laquelle les marées automnales sont plus fortes que les marées printanières ne se vérifie qu'une année sur quatre.

« *Tous les huit ans, la centième révolution lunaire ramène les marées à l'origine de leurs mouvements et à la même série d'accroissements.* »

Un certain rythme de huit ans est pressenti (mouvement du périgée). On verra qu'il n'y a aucune périodicité stricte, mais des tendances.

« *Cependant ces variations ne se produisent pas au moment précis que je viens d'indiquer, mais au bout de peu de jours.* »

L'âge de la marée est mis en évidence.

Pline note encore que « *[...] les astres n'ont pas lieu non plus dans le temps même où la Lune est pleine ou toute nouvelle, mais après ni aussitôt que le ciel montre ou cache la Lune ou l'écarte du méridien, mais environ deux heures équinoxiales*

*Ria de Pont-l'Abbé (29).*

*plus tard, les phénomènes célestes faisant toujours sentir leurs effets à la Terre avec du retard sur la vue, comme l'éclair, le tonnerre ou la foudre* ».

C'est l'**établissement du port***. Mais en fait, celui-ci varie géographiquement.

« *Toutes les marées de l'Océan couvrent et dégagent de plus grands espaces que celles des autres mers, soit que l'ensemble de la mer dans son immensité ait plus d'impétuosité que dans une de ses parties, soit qu'une grande étendue librement ouverte*

Port d'Ostie (Italie) : mosaïque de la Place des Corporations.

*ressente d'une manière plus efficace l'action de l'astre quand il plane sur de larges surfaces, tandis qu'elle est entravée par des limites étroites. C'est pour cette raison que ni les lacs, ni les cours d'eau ne connaissent semblable mouvement. Pythéas de Marseille garantit qu'au-delà de la Bretagne les marées montent de quatre-vingts coudées. »*

La spécificité des grands espaces océaniques est reconnue, même si elle est largement exagérée (une coudée grecque représente en effet 44 cm !).

*« Ces mouvements sont plus sensibles le long des rivages qu'en haute mer, puisque, aussi bien dans le corps, les extrémités ressentent davantage le battement des veines, c'est-à-dire le souffle vital. Cependant comme l'heure du lever change avec chaque région, il se produit dans la plupart des estuaires des marées aberrantes, irrégulières par leur horaire, non par leur loi. »*

Les marées remontent effectivement assez haut dans les estuaires, mais les caractéristiques sont propres à chaque estuaire.

*« Toutefois, il existe aussi certaines marées d'une nature particulière, comme celles du détroit de Tauromenium et de l'Euripe eubéen qui montent et descendent, la première à plusieurs reprises, et l'autre sept fois chaque jour et chaque nuit ; il y a morte eau trois jours par mois, le septième, le huitième et le neuvième jour de la Lune. A Gadès, la source la plus proche du temple d'Hercule, enfermée comme dans un puits, augmente et diminue tantôt en même temps, tantôt à contretemps. »*

Les marées connaissent en effet des singularités purement géographiques.

*« A cela, pour ne rien omettre de ce que je sais, Aristote ajoute qu'aucun être animé n'expire quand la marée n'est pas descendante. »*

Il y a deux mille ans, certaines croyances erronées étaient déjà érigées en lois !

Cependant, malgré plusieurs inexactitudes, imprécisions, exagérations et naïvetés, l'essentiel était dit sur les marées.

* Se reporter au lexique en fin d'ouvrage pour les termes spécifiques à la marée.

# Le Moyen Age : l'oubli

Avec le déclin du monde romain, les connaissances de l'Antiquité tombèrent dans l'oubli, et les explications des esprits les plus éclairés de l'époque sont bien loin des théories astronomiques, somme toute assez exactes, des Gréco-Romains. Quelques érudits cependant sortent du lot.

C'est le cas du moine anglo-saxon **saint Beda** (673-735), pour qui les marées étaient bien dues à la Lune, et même à l'« haleine » de cette dernière…

On peut aussi citer **Zacaria al-Qwazwini** (1203-1283), représentant de la science arabe qui était la plus florissante dans cette époque obscure que fut le Moyen Age (du moins pour les sciences). Pour lui, les marées étaient un phénomène thermique, lié à l'expansion des eaux chauffées par le Soleil et la Lune…

**John Wallingford**, après de longues observations à Londres en 1213, put prédire les heures de la marée haute au pied de la Tour de Londres, en fonction du retour des phases de la Lune. Mais il n'apporte à ses prédictions aucune explication.

*Noirmoutier (85).*

# La Renaissance : la préparation du terrain

La redécouverte des textes grecs ou romains rapportés par les croisés permit à la science occidentale de sortir de l'obscurantisme. Les moines furent bien souvent les précurseurs de ce mouvement de redécouverte.

**Nicolas Copernic** (1473-1543), s'appuyant sur les thèses d'Aristarque de Samos (220-143 av. J.-C.), osa exprimer l'idée (sans en apporter la démonstration) que la Terre tournait sur elle-même et autour du Soleil (*De revolutionibus orbium coelestium libri sex*).

**Johannes Kepler** (1571-1630), reprenant les notes de son maître Tycho Brahé (1546-1601), apporta les éléments mathématiques qui manquaient à Copernic. Réfléchissant sur les marées, Kepler suggéra une explication par des forces magnétiques liées à la Lune et au Soleil.

**Galilée** (1564-1642), célèbre (entre autres) pour les découvertes des anneaux de Saturne, des satellites de Jupiter et des phases de Vénus, niait complètement l'influence de la Lune et du Soleil pour expliquer les marées. Selon lui, les marées étaient simplement dues à la rotation de la Terre.

Tous ces travaux astronomiques n'avaient pas pour préoccupation première l'explication des marées, mais ils jetèrent petit à petit les bases indispensables à la compréhension du phénomène.

# Le XVIIe siècle : la compréhension

Le milieu du XVIIe siècle vit s'affronter l'école française menée par René Descartes (1596-1650) et l'école anglaise dominée par le génie d'Isaac Newton (1642-1727).

**Descartes**, géomètre et opticien, était le père de la théorie des « tourbillons », selon laquelle chaque astre était entouré de tourbillons ; c'était le cas notamment de la Terre et de la Lune dont les pressions relatives engendraient des dépressions déformant la surface des eaux. Les marées étaient bien un phénomène lunaire, mais lié selon lui à d'invisibles tourbillons.

A la même époque, **Blaise Pascal** (1623-1662) évoque de manière sibylline les marées dans ses *Pensées* : « La nature agit par progrès, *itus et reditus*. Elle passe et revient, puis va plus loin, puis deux fois moins, puis plus que jamais, etc. Le flux de la mer se fait ainsi, le Soleil semble marcher ainsi. » Un dessin, tracé par Pascal, accompagne ce texte.

*Graphique tracé de la main de Pascal, extrait des* Pensées (collection « Bibliothèque de la Pléiade », Gallimard).

*Marennes (17).*

Il fallut attendre les travaux d'**Isaac Newton**, avec en 1687 la publication des *Philosophiae naturalis principia mathematica* (qui présentaient sa célèbre loi de l'attraction universelle), pour posséder les éléments mathématiques de l'explication des marées. Mais les *principia* sont durs à avaler. Si tous les admirent, peu les comprennent. Seule une petite dizaine de savants en Europe (Huyghens, Roemer, Leibniz, Hooke…) est capable de comprendre. Pour assurer le succès de l'ouvrage, **Edmund Halley** (son seul ami) présente au roi d'Angleterre un résumé et une application, *Discours au Roi sur les marées*, première explication complète des marées par la différence d'attraction exercée au centre de la Terre et à sa surface.

C'est par la **théorie statique** des marées que Newton définit une marée d'équilibre suivant les déplacements des astres perturbateurs : Soleil et Lune.

Pour Newton, la surface de l'eau réagit instantanément aux actions des astres en se déformant selon un ellipsoïde, créant ainsi une position d'équilibre. Cette théorie expose le phénomène des marées dans ses grandes lignes, mais sans entrer dans les particularités, comme le retard de la marée par rapport aux astres ou bien l'amplitude de la marée parfois bien supérieure à celle prévue par la théorie. Malgré tout, les bases de la compréhension du phénomène des marées sont là. Les successeurs ne firent que préciser et améliorer cette théorie.

# Le XVIIIe siècle : l'explication

**Daniel Bernouilli** (1700-1782) pousse un peu plus en avant les idées de Newton et, reprenant les méthodes de calcul exponentiel de son oncle Jacques Bernouilli, il livre quelques applications pratiques non généralisables à toutes les mers (*Traité sur les marées*, 1748).

Mais l'expression mathématique rigoureuse ne prit ses lettres de noblesse qu'avec **Pierre Simon Laplace** (1749-1827). La **théorie dynamique** (1799), contrairement à la théorie de Newton, explique des phénomènes constatés tels que le retard de la marée par rapport aux astres ou bien les amplitudes variables et parfois très importantes de niveau d'eau.

Laplace introduit la notion d'ondes de marée correspondant chacune à des forces très petites, mais dont la somme produit des variations de niveau importantes. Chaque onde de marée est proportionnelle à la force qui la crée et présente un retard constant. La marée est donc perçue comme un phénomène oscillatoire. La théorie de Laplace est tout à fait satisfaisante pour rendre compte des marées sur les côtes françaises (à prédominance semi-diurne), mais est cependant insuffisante pour d'autres régions du globe. Utilisée dès le début du XIXe siècle, elle permit cependant de calculer et de prévoir les marées des côtes françaises avec une précision qui ne cessa de s'améliorer.

# Le XIXe siècle : le début des prédictions

La théorie de Laplace et l'invention en 1831 par **Antoine Marie Rémy Chazallon** (1802-1872) du marégraphe (appareil enregistreur permettant de suivre en continu les variations des niveaux d'eau et ayant révélé l'existence d'oscillations secondaires) ont ouvert le chemin à la **formule harmonique** d'analyse et de prédiction des marées avancée par **lord Kelvin** (1824-1907) en 1867.

Cette formule est basée sur la théorie de Newton mais en reprenant la démarche de Laplace : la marée est la somme de marées élémentaires périodiques d'allure sinusoïdale caractérisées par une amplitude et un déphasage définis par observation pour chaque port et évoluant en fonction du temps (constantes harmoniques).

Pour s'affranchir des longs et fastidieux calculs, Kelvin inventa même en 1872 une machine à prédire les marées, le *tide predictor*, dont vingt-quatre exemplaires plus ou moins complexes (avec entre 10 et 62 paramètres) furent construits en Angleterre entre 1873 et 1953 et vendus à travers le monde. Cette machine trace mécaniquement (par un système de poulies mobiles) les courbes de marée des principaux ports du monde pour lesquels les constantes harmoniques ont été préalablement et empiriquement définies.

La théorie harmonique de Kelvin est la plus universelle, s'adaptant à tous les types de marées et à leurs singularités géographiques.

En 1883, **George Howard Darwin** (1845-1912), deuxième fils du célèbre naturaliste, codifie les composantes harmoniques (sa nomenclature est toujours utilisée de nos jours). Sa méthode a été affinée et complétée par **Arthur Thomas Doodson** (1890-1968) en 1921, qui identifie plus de quatre cents composantes.

## Le XXe siècle : la précision des calculs

Il faut aussi citer les noms de **Henri Poincaré** (1854-1912) et de **Harris** (1863-1918) qui ont affiné les prédictions et mieux perçu l'aspect géographique des marées.

A partir de 1972, l'usage des ordinateurs a, dans presque tous les pays du monde, relégué au rang de pièces de musée les *tide predictors*, qui pendant un siècle avaient fourni les calculs prévisionnels des marées avec une précision somme toute remarquable.

Aujourd'hui, en France, tous les calculs se font par ordinateur (basés sur la formule de Laplace jusqu'en 1992, et sur la formule harmonique depuis 1993), ce qui facilite la prise en compte d'un plus grand nombre de paramètres : 143 principaux dont 105 seulement sont retenus pour Brest (ceux correspondant à des ondes inférieures au millimètre n'étant pas retenus).

*Marennes (17).*

Les prédictions réalisées par le **Service hydrographique et océanographique de la Marine (SHOM)** sont accessibles au public sous forme d'annuaires de marées, de logiciels et de serveurs informatiques. Des journaux régionaux de bord de mer, des dépliants touristiques, des calendriers reprennent et vulgarisent ces données, indispensables de nos jours à ceux qui fréquentent les bords de mer, professionnellement ou pour leurs loisirs.

### Une marée dans l'Histoire

Le 6 juin 1944, pour le débarquement des Alliés en Normandie, les prédictions avaient été effectuées à l'aide d'un tide predictor de Doodson.
Ouistreham
Coefficient 82
Basse mer : 1,37 m à 5 h 05 (TU + 1)
Pleine mer : 7,18 m à 9 h 41 (TU + 1)

# Le XXIe siècle : l'œil des satellites

Depuis la fin du XXe siècle, l'étude théorique des marées est complétée par une vision permanente des océans grâce aux satellites dont certains sont entièrement dédiés à la connaissance des océans : le premier, Topex-Poséidon, a été lancé en 1992 ; le second, Jason, en juillet 2001. C'est ainsi que l'on peut mesurer au centimètre près le niveau des océans et connaître ce qui se passe au milieu des océans (les marées ne sont mesurables de manière classique que sur les littoraux) et sur des côtes où jamais les scientifiques n'ont mis les pieds.

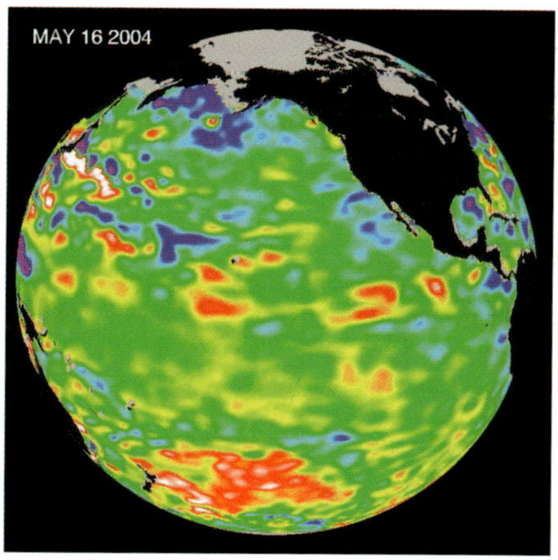


*Variations relatives du niveau de la mer vues par le satellite Jason 1 (16 mai 2004) ; données du CNES, du CLS, de la NASA, du JPL.*

# Le moteur :
# l'astronomie

COMME l'avaient pressenti les savants de l'Antiquité, les marées sont bel et bien un phénomène astronomique, et c'est sous cet angle que le sujet sera ici principalement traité.

*Dinard (35), la promenade au Clair de lune*

# Les forces en présence

## Cas d'une Terre isolée dans l'Univers

Si la Terre était le seul astre de l'Univers et immobile, les seules forces qui existeraient seraient les **forces de pesanteur**, supposées ici identiques en chaque point de la surface du globe. A supposer qu'il y ait uniformément de l'eau, la surface de l'océan prendrait l'aspect d'une sphère parfaite.

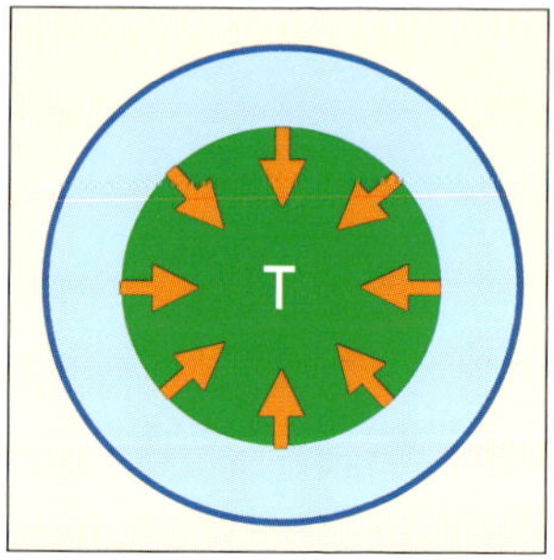


*Les forces de pesanteur : cas d'une Terre immobile et isolée dans l'Espace.*

> $P = mg$
> où P représente la force de pesanteur,
> m la masse,
> g l'accélération de la pesanteur,
> $g = 9{,}8\ m/s^2 = 9{,}8\ N/kg$
> Prenons le cas d'un homme de masse de 102 kg
> La force de pesanteur qu'il subit à la surface de la Terre est :
> $P = 102\ kg \times 9{,}8\ N/kg$ = environ 1 000 N.

## Cas d'une Terre avec un astre proche

Mais la Terre n'est pas isolée : elle est donc soumise à l'attraction de tous les astres présents dans l'Univers.

La loi de Newton est à la base du calcul de la trajectoire des planètes du système solaire et permet de définir les **forces d'attraction.**

La force d'attraction est proportionnelle à la masse de l'astre attracteur et inversement proportionnelle au carré de la distance.

> $F = G \frac{m\,m'}{d^2}$
> où F est la force d'attraction,
> m et m' les masses des deux astres,
> d la distance entre leurs centres de masse,
> G la constante de gravitation universelle,
> $G = 6{,}67 \times 10^{-11}\ N.\ m^2/kg^2$
> Si l'on reprend l'exemple précédent, un terrien de 102 kg (ayant la même masse qu'un cube d'eau de mer d'environ 47 cm de côté) subit de la part des astres proches les forces d'attraction suivantes :
> Soleil : 0,61 N
> Lune : 0,0034 N
> Jupiter : 0,000033 N (au plus proche de la Terre)
> Vénus : 0,000019 N (au plus proche de la Terre)

Comme nous pouvons le voir, à l'échelle d'un homme, les forces d'attraction dues aux planètes environnantes restent négligeables en regard de l'attraction due à notre propre planète (pesanteur). Cependant, l'action du Soleil est bien plus importante que celle de la Lune (environ 200 fois) ; cette dernière est encore bien supérieure aux forces exercées par les planètes. Ce résultat semble en contradiction totale avec le phénomène des marées pour lequel on dit que l'action de la Lune est prépondérante. A ce stade, on pourrait envisager que l'effet des marées soit dû à une force inconnue, d'une nature à déterminer. C'est pourtant à partir de la force de gravitation définie par Newton que nous allons pouvoir établir l'expression de la force de marée.

## La Lune

Etudions plus en détail l'action de la Lune sur la Terre, en oubliant l'action du Soleil pour l'instant.

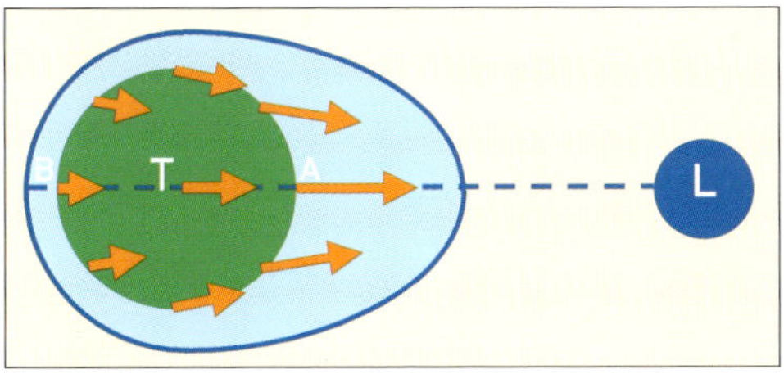


*Les forces d'attraction :*
*cas d'une Terre immobile et influencée par la Lune.*

### *Cas statique*

Dans cette hypothèse, on suppose que la Terre et la Lune sont maintenues fixes dans l'espace.

On remarque que l'attraction lunaire diminue le poids d'un corps à la surface de la terre s'il est sous la Lune (A), mais l'augmente s'il est aux antipodes (B).

L'eau des océans est par définition un volume déformable.

Sous l'effet de cette force, l'eau s'accumule en un bourrelet. Si l'on tient compte de la rotation de la Terre, notre raisonnement nous amène à une marée haute au moment du passage de la Lune (A) puis à une marée basse environ 12 heures plus tard (B).

Ceci ne correspond toujours pas aux observations : en général, et notamment pour les côtes françaises, on a deux marées basses et deux marées hautes par jour, et non une.

### *Cas dynamique*

Il faut donc passer à un autre modèle tenant compte des mouvements relatifs de la Terre et de la Lune.

En effet, il est communément admis que la Lune tourne autour de la Terre en 27 jours environ. Cette façon de voir est cependant incomplète. En réalité, la Terre et la Lune

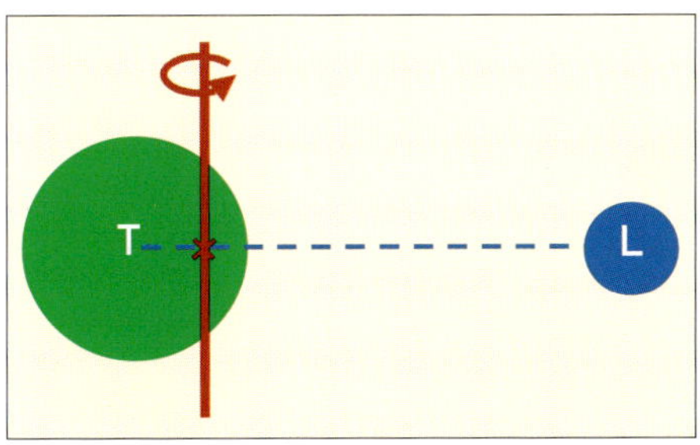


*Le couple Terre-Lune : rotation autour de l'axe passant par le centre de gravité.*

forment un couple indissociable dont le centre de gravité est situé en moyenne à environ 4 652 km du centre de la Terre (donc sous la surface de la Terre). Il est plus correct de dire que la Lune tourne en environ 27 jours autour d'un axe de rotation passant par ce centre de gravité.

> Cette remarque s'applique à la Terre pour la même durée.
> Pour simplifier, on peut dire que le centre de la Terre, en plus du mouvement autour du Soleil, décrit en 27 jours environ un petit cercle de 4 652 km de rayon (ce qui est négligeable en regard de la distance parcourue par la Terre durant ce temps : pratiquement 700 millions de kilomètres).

Dans un tel mouvement, il est connu qu'il existe une condition d'équilibre entre la force d'attraction et une force opposée dite **force centrifuge**. Cet équilibre est valable bien sûr pour le centre de gravité de la Terre qui se confond avec son centre.

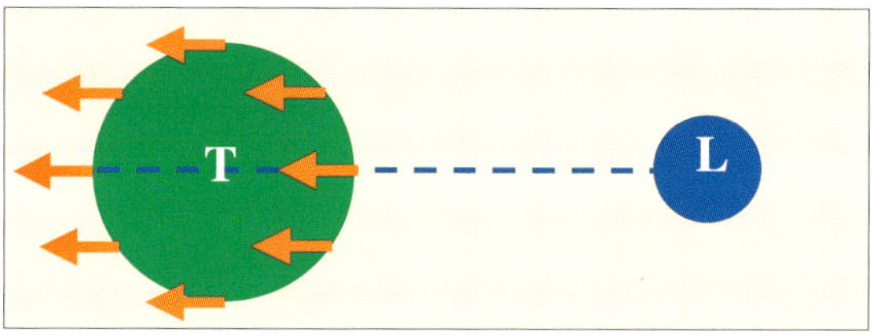

*Les forces centrifuges.*

De plus, on admettra que sans rotation de la Terre sur elle-même autour de l'axe des pôles, la force centrifuge subie à la surface du globe est en tout point identique en intensité et en direction à celle exercée au centre. On peut par ailleurs démontrer mathématiquement que le fait de tenir compte de la rotation de la Terre sur elle-même en environ 24 heures ne modifierait pas la validité de ce raisonnement.

La combinaison des deux forces définies précédemment (force d'attraction lunaire et force centrifuge terrestre) conduit à la définition d'une résultante appelée **force génératrice des marées** ou plus simplement **force de marée.**

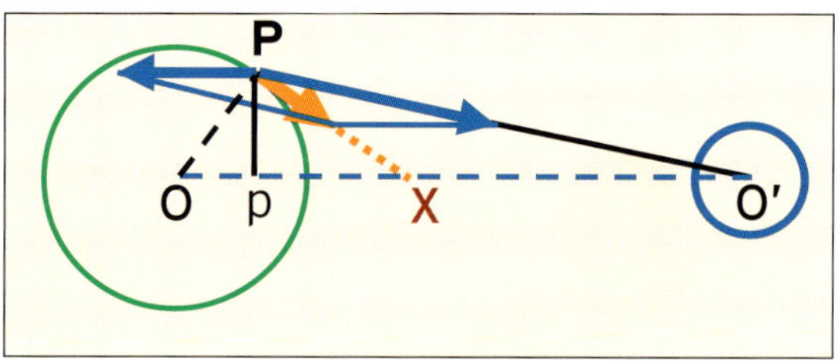

*Construction de Proctor :*
*comment construire la direction de la force de marée.*

Une force peut se définir par deux paramètres : sa direction et son intensité.

La direction de la force de marée peut être définie géométriquement avec une approximation en utilisant la « construction de Proctor ».

> Pour un point quelconque P à la surface de la Terre, cette force est dirigée vers un point X de la ligne OO' joignant les centres des astres et situé à trois fois la distance de la projection p du point P sur la ligne OO':
> OX = 3 Op.

L'intensité de la force de marée peut être calculée comme la somme vectorielle d'une composante horizontale et d'une composante verticale :

Composante horizontale :
$$-Mg \times \frac{m'}{m} \times \frac{3r^3}{2d^3} \times \sin 2\Phi$$
Composante verticale :
$$Mg \times \frac{m'}{m} \times \frac{r^3}{d^3} \times (3\cos^2\Phi - 1)$$
où M est la masse subissant la marée
m la masse de la Terre
m'la masse de la Lune
r le rayon de la Terre
d la distance entre les centres de la Terre et de la Lune
Φ l'angle entre le zénith et la Lune
g l'accélération de la pesanteur
(Voir les valeurs numériques pages 34 et 35)

On peut ainsi calculer pour différents points de la surface de la Terre l'intensité résultante de la force de marée due à la Lune.

On remarque une symétrie par rapport à l'axe joignant les centres des astres (aa) et par rapport à un plan perpendiculaire (gg).

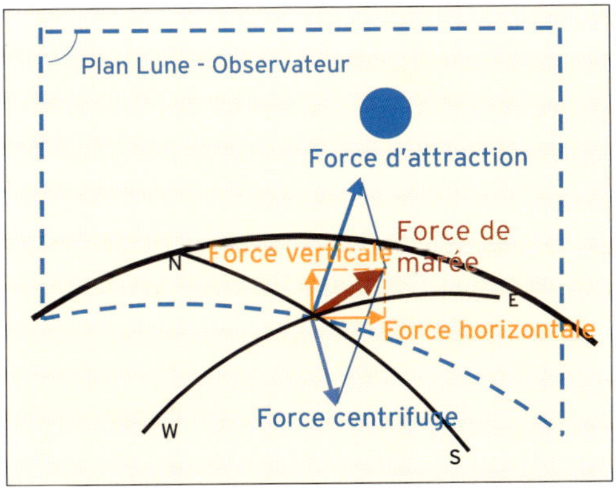


*Composantes horizontale et verticale de la force de marée pour un point quelconque de la Terre. Direction et intensité des forces de marée liées à la Lune.*

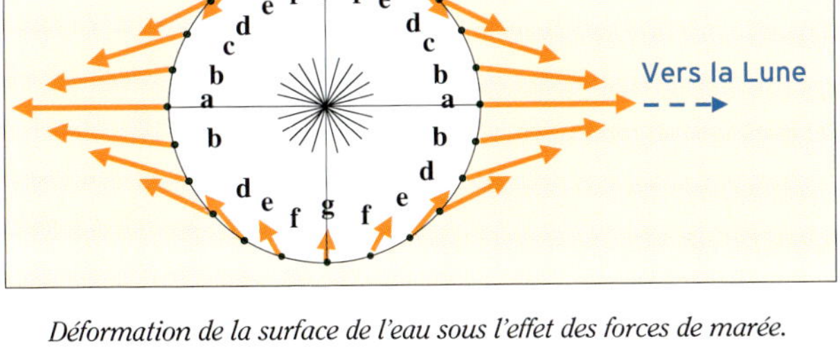


*Déformation de la surface de l'eau sous l'effet des forces de marée.*

Si l'on reprend notre exemple, on peut calculer les forces de marée que subit notre terrien de 102 kg selon l'endroit où il se trouve :

> 0,000112 N en a pour $\Phi = 0°$
> 0,000109 N en b pour $\Phi = 15°$
> 0,000102 N en c pour $\Phi = 30°$
> 0,000089 N en d pour $\Phi = 45°$
> 0,000074 N en e pour $\Phi = 60°$
> 0,000061 N en f pour $\Phi = 75°$
> 0,000056 N en g pour $\Phi = 90°$

On se rend ainsi compte que ces forces sont très faibles et variables en intensité : du simple au double selon la position que l'on occupe sur la Terre par rapport à la Lune.

Pour un point de la Terre situé sous la Lune (A), la résultante de la force d'attraction lunaire et de la force centrifuge est orientée vers la Lune et y diminue légèrement le poids à la surface de la Terre.

Mais aux antipodes (B), la résultante de la force d'attraction lunaire (toujours dirigée vers la Lune, mais plus faible qu'au point A) et de la même force centrifuge, aboutit à une force d'intensité égale, mais de sens opposé à celle trouvée au point A. Le poids terrestre y est donc également diminué.

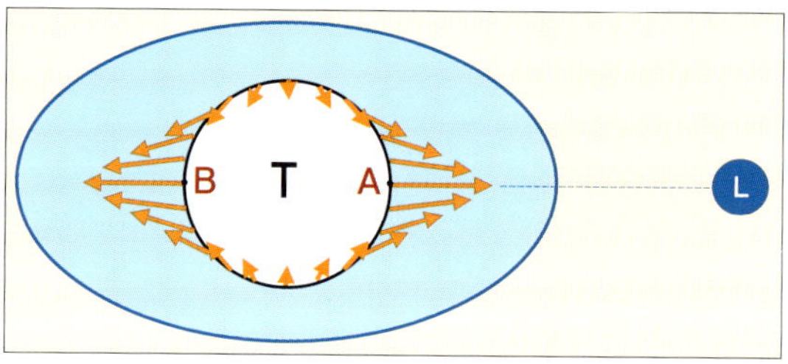


*Déformation de la surface de l'eau sous l'effet des forces de marée.*

Ainsi, l'eau se « soulève » au point situé sous la Lune (A) et aux antipodes (B). Le bourrelet qui découle de cette déformation donne à la surface de l'eau une forme approximative de ballon de rugby (en théorie du moins et en l'absence de continents, et en exagérant de beaucoup la forme obtenue).

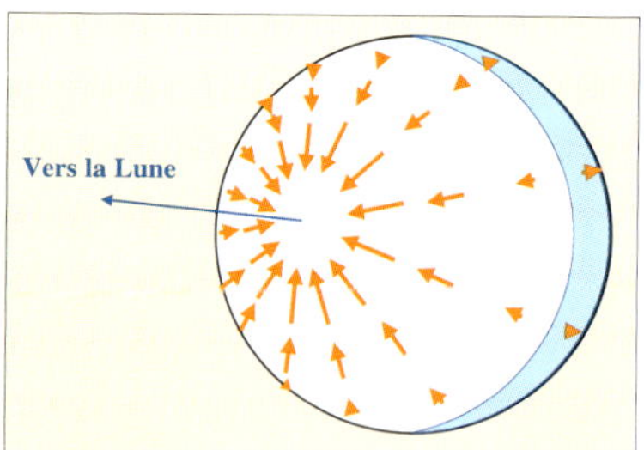


*Composantes horizontales de la force génératrice des marées sur le globe terrestre (vue dans les trois dimensions)*

Il est d'ailleurs plus correct de voir ces forces et ce bourrelet dans les trois dimensions puisqu'ils agissent sur une sphère et non sur un cercle.

> Sur ce schéma, seules les forces horizontales sont représentées car, dans la pratique, elles sont les seules à pouvoir produire un déplacement (latéral) de l'eau. Les forces verticales sont insuffisantes pour « soulever » l'eau et sont nulles en A et B. Tout se passe comme si la seule composante horizontale agissait selon les courants qui convergent vers A et B.

## Le Soleil

Un raisonnement identique nous conduirait à un résultat similaire pour le Soleil :

> 0,000052 N en a pour $\Phi = 0°$
> 0,000049 N en b pour $\Phi = 15°$
> 0,000047 N en c pour $\Phi = 30°$
> 0,000041 N en d pour $\Phi = 45°$
> 0,000034 N en e pour $\Phi = 60°$
> 0,000028 N en f pour $\Phi = 75°$
> 0,000026 N en g pour $\Phi = 90°$

Les forces sont encore plus faibles et, comme pour la Lune, varient du simple au double. On peut d'ailleurs constater que l'action du Soleil sur les forces de marée est 2,17 fois moins importante que celle de la Lune.

Cela découle directement de l'expression de la force de marée dont on peut déterminer le rapport :

$$\text{Effet différentiel} = \frac{\dfrac{(\text{distance Terre - Soleil})^3}{(\text{distance Terre - Lune})^3}}{\dfrac{\text{masse du Soleil}}{\text{masse de la Lune}}} = 2{,}17$$

Il est à noter que ce rapport de 2,17 est tout à fait théorique et n'est pas toujours suivi dans les calculs servant à l'établissement des prédictions de marées. Il doit être adapté selon des facteurs locaux et géographiques établis empiriquement. Ainsi, pour Brest, il vaut soit 3 (formule de Laplace), soit 2,72 (formule harmonique). Pour Adelaïde Harbour (Australie), le rapport est de 1, et il atteint 8,5 à Recalada (Argentine).

## Les autres astres

Si l'on reprend les calculs précédents pour notre terrien de 102 kg, les forces de marée maximales qu'il subit de la part d'autres astres proches sont donc :

Lune : 0,000112 N
Soleil : 0,000052 N
Vénus : 0,0000000061 N (au plus proche de la Terre)
Jupiter : 0,00000000066 N (au plus proche de la Terre).

Selon les forces de marée que les astres exercent sur la Terre, leur hiérarchie est donc changée par rapport à celle obtenue

*La planète Vénus vue par la sonde Galileo (NASA, JPL).*

précédemment, en prenant seulement en considération les forces d'attraction.

Seuls la Lune et le Soleil ont une influence notable sur les marées à la surface de la Terre : la Lune, en raison de sa proximité, malgré une masse faible ; le Soleil, en raison de sa masse très importante, malgré une très grande distance.

L'influence des autres planètes sur les marées terrestres est donc négligeable, parce que par rapport aux distances qui nous séparent de ces planètes, les dimensions de la Terre sont petites.

*La planète Jupiter vue par un astronome amateur.* (Ph. Erwan Le Gac)

# Une histoire d'ondes

Les forces de marée sont extrêmement faibles : ainsi, la force exercée par la Lune n'est que de l'ordre de 1/10 000 000 de celle de la pesanteur terrestre. Les forces de marée, d'après la théorie de Newton, ne devraient pas donner de dénivellations au-delà de 51 cm (35 cm pour la Lune, 16 cm pour le Soleil). Or les dénivellations constatées atteignent couramment plusieurs mètres, et avoisinent même les 17 m au Canada (baie de Fundy, Burncoat Head). La théorie statique de Newton, bien que satisfaisante pour l'esprit et présentant des rapprochements aisés avec l'astronomie classique, doit alors être relayée par la théorie dynamique de Laplace où les masses d'eau sont mises en mouvement par des forces périodiques dont la somme engendre un grand mouvement de marée.

Ces mouvements correspondent à des ondes caractérisées par une amplitude et une période. Elles sont très nombreuses, mais seul un petit nombre d'entre elles sont à retenir pour obtenir un calcul prévisionnel satisfaisant.

Ces ondes dépendent de paramètres astronomiques. Elles sont classées selon une nomenclature proposée par George Darwin.
Chaque onde est repérée par :

- une lettre pour désigner le groupe principal : par exemple,
  - **M** représente la Lune (Moon)
  - **S** le Soleil (Sun)
  - **K** la Lune et le Soleil...
- un indice pour préciser sa périodicité : par exemple,
  - **a** représente une périodicité annuelle
  - **m** une périodicité mensuelle
  - **f** une périodicité semi-mensuelle
  - **1** une périodicité diurne
  - **2** une périodicité semi-diurne
  - **3** une périodicité tiers-diurne...

Plus de 400 ondes ont ainsi été identifiées. Parmi les plus importantes, on considère :

**Les ondes semi-diurnes** (périodes de l'ordre de la demi-journée)

$M_2$ : lunaire moyenne (période = 0,517 j)

encadrée par d'autres ondes mineures :

$L_2$ : elliptique lunaire mineure (p = 0,5078 j)

$N_2$ : elliptique lunaire majeure (p = 0,5274 j)

$S_2$ : solaire moyenne (période = 0,5 j)

$K_2$ : déclinationnelle luni-solaire (période = 0,4986 j).

**Les ondes diurnes** (périodes de l'ordre de la journée)

$K_1$ : déclinationnelle luni-solaire (période = 0,9973 j)

$O_1$ : lunaire diurne principale (période = 1,0758 j)

encadrée de $Q_1$ (elliptique majeure de période 1,1195 j)

$P_1$ : solaire diurne principale (période = 1,0027 j).

**Les ondes de longue période** (plus que la journée)

bimensuelles (ex. : $M_{sf}$ de période 14,7653 j)

mensuelles (ex : $M_m$ de période 27,5546 j)

semestrielles (ex : $S_a$ de période 365,2594 j)

permanentes (ex : $M_0$ et $S_0$ de période 0).

**Les ondes composées** (interactions d'ondes différentes) et **les ondes supérieures** (interaction d'une onde avec elle-même).
Elles sont marginales, mais localement importantes notamment là où les fonds sont peu profonds et en fonction du trait de côte. Elles sont liées à des phénomènes de résonance ou de réflexion et expliquent notamment le phénomène de la « tenue du plein » de la baie de Seine.
Elles peuvent être semi - diurnes, quart-diurnes, sixième - diurnes, huitième-diurnes... (par exemple, $M_4$, $M_6$, $M_8$...).

**Les ondes météorologiques**

Elles sont liées à des phénomènes saisonniers, comme les alizés, les moussons, les brises de mer, et ne concernent pas les côtes françaises.

Pour les côtes françaises, les ondes les plus importantes sont dans l'ordre : $M_2$, $S_2$, $O_1$, $N_2$, $P_1$, $K_2$, $Q_1$.

# Les astres en jeu : cartes d'identité

Les seuls astres à retenir pour les marées sont donc la Terre, la Lune et le Soleil.

## Terre

(Ph. NASA - compositage P. Abraham)

Diamètre équatorial : 12 756 km
Masse : 5,98 x $10^{24}$ kg
Densité : 5,52
Rotation :
23 h 56 min 4,1 s (jour sidéral)
24 h (jour synodique)
Révolution autour du Soleil : 365 j 6 h 9 min 9 s (année sidérale)
Excentricité de l'orbite terrestre : 0,016
Distance Terre-Soleil :
149,5 millions km (moyenne)
147,1 millions km (minimum = périhélie)
152,1 millions km (maximum = aphélie)
Obliquité de l'écliptique : 23° 26'21" (en 2000)
Les océans :
70,8 % de la surface du globe
Surface : 361 millions $km^2$
Volume : 1 380 millions $km^3$
Profondeur moyenne : 3 550 m (1/600 rayon terrestre)
Profondeur maximale : 11 034 m dans le Pacifique

# Lune

(Ph. NASA )

Diamètre équatorial : 3 472 km (presque quatre fois plus petit que la Terre)
Masse : 7,35 x $10^{22}$ kg (1/81 Terre)
Densité : 3,34
Révolution autour de la Terre :
- 27 j 7 h 43 min 11 s (sidérale)
- 29 j 12 h 44 min 2 s (synodique)
- 27 j 13 h 18 min 33 s (anomalistique)
- 27 j 5 h 5 min 36 s (draconistique)

Excentricité de l'orbite lunaire : 0,0549
Distance Terre-Lune : 384 400 km (moyenne)
356 410 km (périgée moyen)
356 371 km (périgée extrême)
406 470 km (apogée moyen)
406 720 km (apogée extrême)
Inclinaison de l'orbite de la Lune : 5° 9'

# Soleil

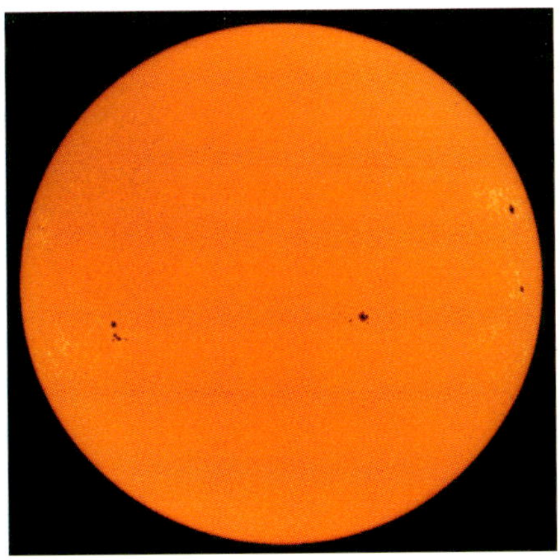
(Ph. NASA- ESA )

Diamètre équatorial : 1 392 000 km (109 diamètres terrestres)
Masse : 1,99 x $10^{30}$ kg (330 000 fois la masse de la Terre)
Densité : 1,41

# Un premier rythme :
## deux marées par jour = pleines mers et basses mers

*Lacanau (33).*

# L'observation

*Granville (50), signal de marée. Pour prévenir les marins de l'état de la marée, un signal est envoyé en mâture à l'entrée du port : cône vers le bas, marée descendante ; cône vers le haut, marée montante.*

Sur 24 heures, on constate que le niveau de la mer ne cesse de changer.

Le niveau le plus haut atteint est appelé **pleine mer** (PM).

Le niveau le plus bas atteint est appelé **basse mer** (BM).

La consultation d'un horaire de marées apporte des précisions tant sur les heures que sur les hauteurs :

Exemple : Granville, le 14 juillet 2005 (en heure légale, c'est-à-dire TU + 2)

| | Heure | Hauteur | |
|---|---|---|---|
| PM | 0 h 26 | 10,51 m | |
| | | | M = 6,99 m |
| BM | 7 h 19 | 3,52 m | |
| | | | M = 6,54 m |
| PM | 12 h 51 | 10,06 m | |
| | | | M = 6,12 m |
| BM | 19 h 40 | 3,94 m | |

La dénivellation entre la pleine mer et la basse mer est le **marnage** (M).

Reportons ces données :

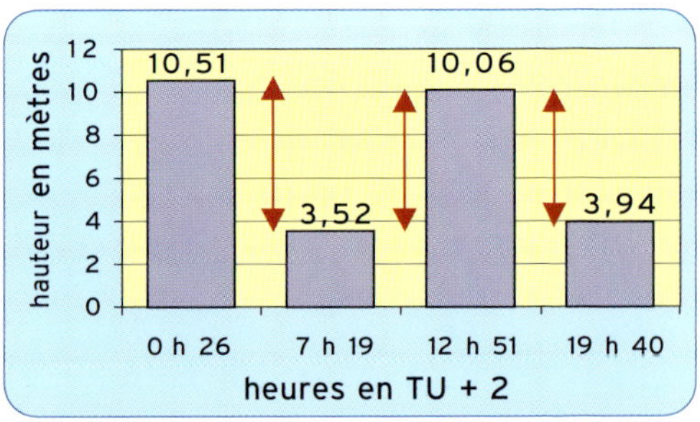


*Heure des marées à Granville le 14 juillet 2005 (d'après les données du logiciel du SHOM).*

La mer a monté, puis descendu, puis monté, puis descendu…

# Qu'est-ce qu'un jour ? La rotation de la Terre

Notre façon de compter le temps relève de l'astronomie pure. Ainsi, on peut compter le temps en jours ; c'est une notion dont nous voyons aisément à quoi elle correspond. Mais, concrètement, qu'est-ce qu'un jour ? Un jour, c'est le temps qu'il faut à la Terre pour faire un tour sur elle-même.

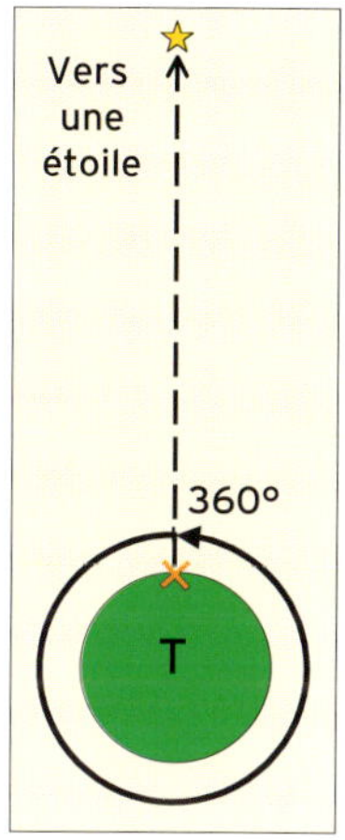


Jour sidéral schéma.

Certains vous diront que la Terre tourne sur elle-même en 23 h 56 min 4,1 s. Ils ont raison ; c'est ce que l'on appelle le jour sidéral (temps qu'il faut à la Terre pour faire un tour complet sur elle-même, c'est-à-dire 360°).

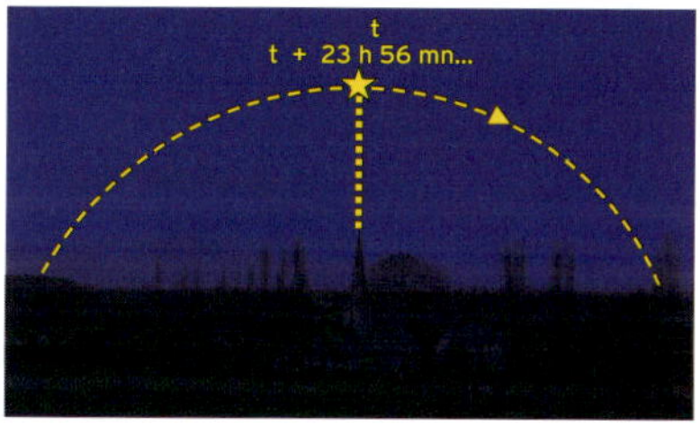


Jour sidéral paysage.

Si l'on note la position d'une étoile (à l'infini, vu la très grande distance qui nous en sépare) dans un repère terrestre, on retrouvera cette étoile au même endroit, le lendemain 23 h 56 min 4,1 s plus tard.

D'autres vous diront que la Terre tourne sur elle-même en 24 heures. Ils ont aussi raison ; c'est ce que l'on appelle le jour synodique : temps qu'il faut à la Terre pour faire un tour complet, soit 360°, plus le rattrapage du déplacement apparent du Soleil, compte tenu du déplacement de la Terre (360° en un an autour du Soleil, donc environ 1° par jour).

Si l'on note la position du Soleil dans un repère terrestre, on retrouvera le Soleil au même endroit le lendemain, 24 heures plus tard.

Nous dirons donc que la Terre tourne sur elle-même en **environ** 24 heures.

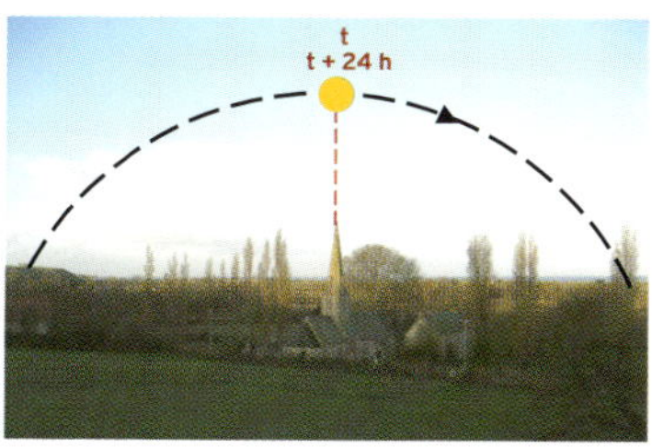


Jour synodique paysage.

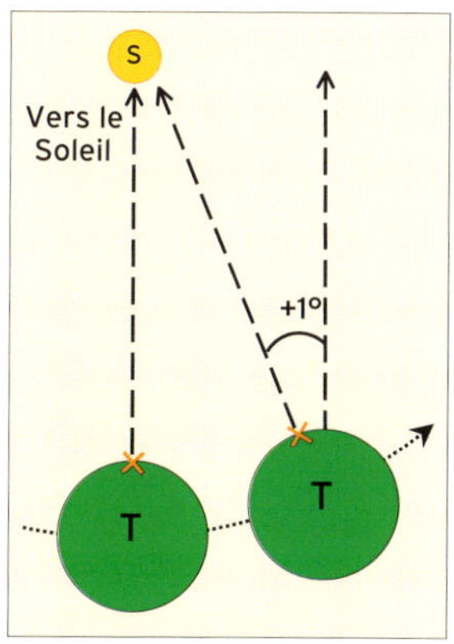


Jour synodique schéma.

# L'explication

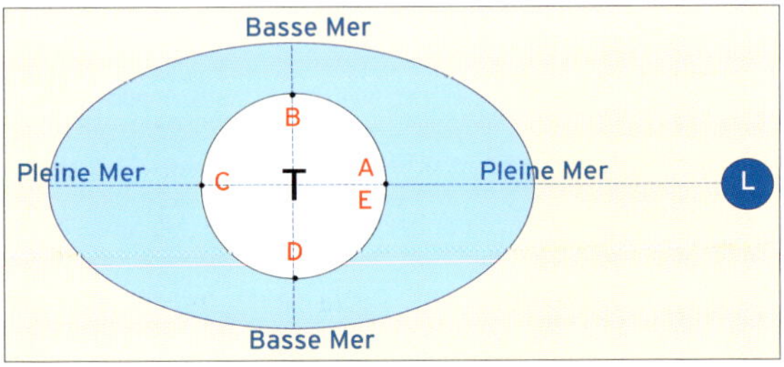


*Marées quotidiennes théoriques.*

La théorie de Newton montre qu'au passage de la Lune au méridien (c'est-à-dire lorsque la Lune est au-dessus de notre tête ou sous nos pieds) l'eau présente un bourrelet. Il y a un renflement (pleine mer) aux points A et C tandis qu'aux points B et D (à angle droit de l'axe Terre-Lune) il y a moins d'eau (basse mer).

La Terre faisant un tour complet en environ 24 heures, un point quelconque de la Terre connaîtra successivement les quatre situations : A, B, C, D, soit, dans l'exemple précédent, pleine mer, basse mer, pleine mer, basse mer.

Entre A et B, le niveau de la mer diminue : la mer descend.

Entre B et C, le niveau de la mer augmente : la mer monte.

Entre C et D, le niveau de la mer diminue : la mer descend.

Entre D et E, le niveau de la mer augmente : la mer monte.

Entre A et E, il s'est écoulé 24 heures. On peut donc en conclure que la mer monte en 6 heures, et descend en 6 heures aussi.

C'est ce que l'on appelle la marée semi-diurne, représentant la caractéristique principale des marées sur les côtes françaises.

# La loi des douzièmes

Si maintenant on regarde le niveau de la mer, minute après minute, heure après heure, un œil averti s'apercevra que la mer ne monte pas (ou ne descend pas) de manière régulière. La courbe n'est pas une droite, mais présente une allure **sinusoïdale**, tout à fait typique des mouvements ondulatoires.

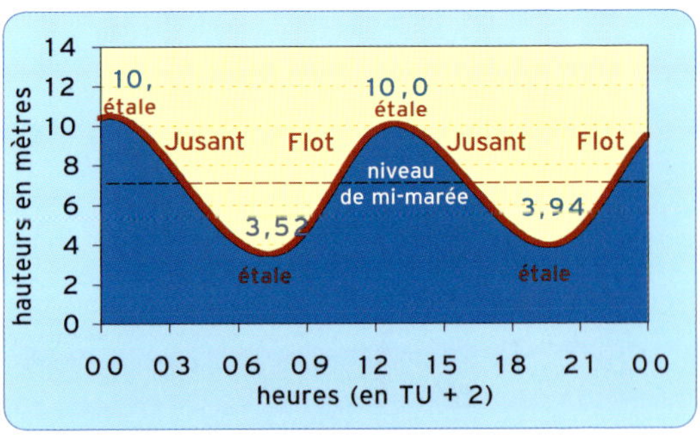


*Courbe de marées à Granville le 14 juillet 2005 (d'après les données du logiciel du SHOM).*

Lorsque le niveau de la mer monte, c'est le **flot**. On parle aussi de **flux** (les mots **montée** ou **montant** ne sont pratiquement plus employés).

Lorsque le niveau de la mer descend, c'est le **jusant**. On parle aussi de **reflux** (les mots **baissée** ou **perdant** sont eux aussi quasiment abandonnés).

L'**étale** est le moment pendant lequel, à marée haute ou à marée basse, le niveau de la mer ne semble pas bouger. Ce n'est en fait qu'une illusion ; dès que la mer a fini son mouvement dans un sens, elle entame son mouvement dans l'autre sens. Cependant, compte tenu de l'allure de la courbe, le mouvement est si faible dans la zone encadrant le point de tangence (étale) que l'on a souvent du mal à le discerner, et que l'on peut effectivement considérer que, pendant une trentaine de minutes, la mer est « étale ».

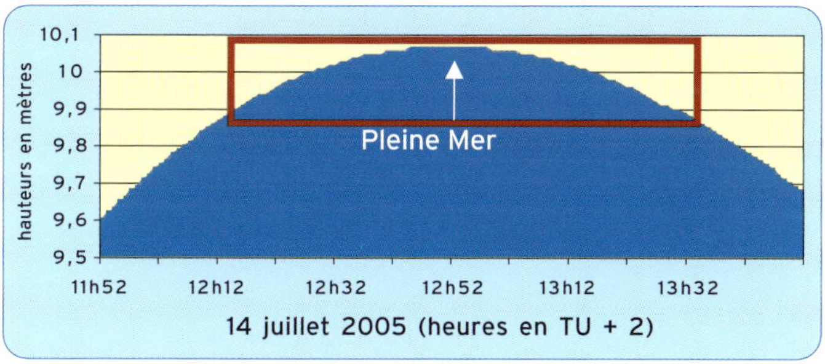


*Etale de Pleine Mer à Granville le 14 juillet 2005*
*(d'après les données du logiciel du SHOM).*

Ainsi, avec l'exemple précédent, pendant 1 h 21 min (entre 12 h 12 et 13 h 33), le niveau de la mer ne varie que de 20 cm, alors qu'en 5 h 32 min elle monte de 6,54 m !

La hauteur à mi-chemin entre la pleine et la basse mer s'appelle le **niveau de mi-marée.**

> Par la formule suivante, on peut calculer de combien la mer monte ou descend à partir de la basse mer ou de la pleine mer en un temps donné :
>
> $$h = M \sin^2 \left(90° \frac{t}{T}\right)$$
>
> où
>
> h est la hauteur selon laquelle la mer a monté (ou descendu) en un temps donné,
> M le marnage,
> t le temps entre la basse mer (ou la pleine mer) et l'instant considéré,
> T la durée totale du flot (ou du jusant).

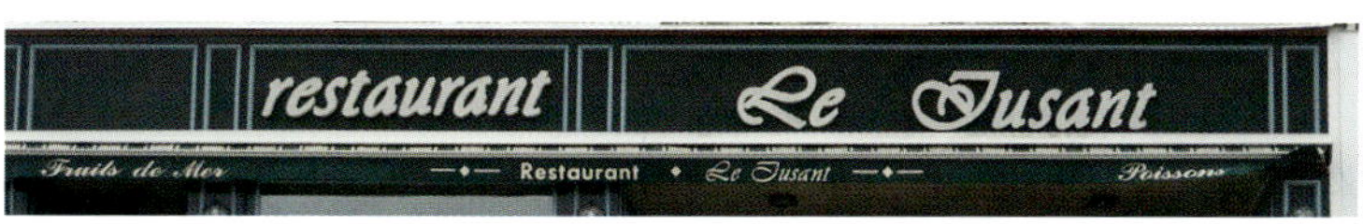


*L'Herbaudière, Noirmoutier (85), restaurant « Le Jusant ».*

Exemple : Granville le 14 juillet 2005
BM = 3,52 m à 7 h 19 ; PM = 10,06 m à 12 h 51
Quel sera le niveau de l'eau à 10 h ?
M = 10,06 m - 3,52 m = 6,54 m
t = 10 h - 7 h 19 min = 600 min - 439 min = 161 min
T = 12 h 51 min - 7 h 19 min = 5 h 32 min = 332 min
Montée de l'eau à partir de la basse mer :

$$h = 6{,}54 \times \sin^2 \left(90^\circ \times \frac{161}{332}\right) = 3{,}12 \text{ m}$$

Niveau de l'eau à 10 h : 3,52 m + 3,12 m = 6,64 m

**Le frottement de l'onde de marée sur le fond des océans a pour conséquence le ralentissement de la vitesse de rotation de la Terre (1 seconde tous les 50 000 ans), ce qui se traduit par une augmentation de la distance moyenne Terre-Lune d'environ 3 cm par an.**

Mais tout le monde n'a pas une calculette ou une table trigonométrique dans sa poche. Cette équation mathématique peut faire l'objet d'une simplification connue sous le nom de **loi des douzièmes**, fort utile pour des calculs mentaux approchés. Il suffit de connaître l'heure de la pleine mer et de la basse mer ainsi que la dénivellation entre leurs niveaux d'eau.

L'intervalle de temps est divisé par 6, le marnage par 12.
Le mouvement de la mer est de :

1/12 la 1re heure
2/12 la 2e heure
3/12 la 3e heure
3/12 la 4e heure
2/12 la 5e heure
1/12 la 6e heure

**Exemple : Granville le 14 juillet 2005**
BM = 3,52 m à 7 h 19 ; PM = 10,06 m à 12 h 51 ; Marnage = 654 cm
Donc M/12 = 0,545 m
2M/12 = 1,09 m
3M/12 = 1,635 m
Durée de la montée = 5 h 32 min
dont le 1/6 vaut 55,3 min
Niveaux successivement atteints par la mer :

- 3,52 m à 7 h 19
- 3,52 m + 0,545 m = 4,065 m à 8 h 14 (3,89 m d'après les données du logiciel du SHOM)
- 4,065 m + 1,09 m = 5,155 m à 9 h 09 (5 m d'après les données du logiciel du SHOM)
- 5,155 m + 1,635 m = 6,79 m à 10 h 04 (6,67 m d'après les données du logiciel du SHOM)
- 6,79 m + 1,635 m = 8,425 m à 11 h 00 (8,42 m d'après les données du logiciel du SHOM)
- 8,425 m + 1,09 m = 9,515 m à 11 h 55 (9,64 m d'après les donnéesdu logiciel du SHOM)
- 9,515 m + 0,545 m = 10,06 m à 12 h 51

Cette méthode, bien qu'approximative, donne des résultats assez proches de la réalité.

Cette loi des douzièmes est très importante à connaître, surtout sur les côtes où le marnage est grand et la pente du littoral faible. Par exemple, dans la baie du Mont-Saint-Michel, des personnes se fiant à la faible montée de la mer en début de flot se font encercler sur des bancs de sable vers la mi-marée, là où la mer monte le plus vite (localement et temporairement seulement, la mer peut monter à « la vitesse d'un cheval au galop », c'est-à-dire 30 km/h).

On verra plus loin que la courbe que nous venons de présenter n'est pas toujours aussi idéale (cf. pages 110 à 114).

# Les zéros

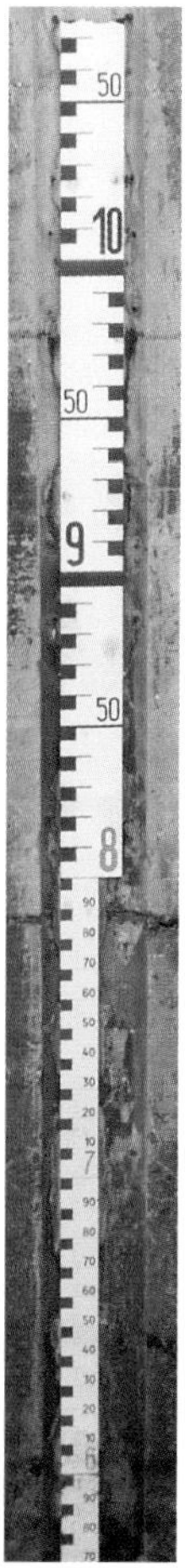

Dans les annuaires de marées, sur les cartes marines, et autres documents officiels traitant de l'espace maritime, les altitudes ont pour référence le **zéro hydrographique** (ou zéro des cartes marines) correspondant approximativement au niveau des plus basses mers possibles (pour certains ports, comme par exemple Boucau ou La Rochelle, ce niveau lui est même inférieur).

Ainsi sur une carte marine trouvera-t-on des chiffres positifs (par exemple, + 4,5 m, signifiant que ce rocher peut émerger de 4,5 m) et des chiffres négatifs (par exemple, - 6,8 m signifiant que ce rocher est toujours recouvert d'au moins 6,8 m d'eau).

Le zéro hydrographique est différent du zéro des cartes terrestres (et notamment topographiques comme les cartes IGN) appelé zéro IGN 1969 dont la référence est à Marseille.

En bref, et pour simplifier, on peut dire que les cartes marines se rapportent au niveau des plus basses mers, et les cartes terrestres au niveau de mi-marée. Il faut noter que sur les nouvelles cartes marines françaises, les cotes terrestres sont maintenant référencées en cotes IGN, tandis que les cotes de l'estran et sous-marines sont toujours référencées par rapport au zéro hydrographique.

Par exemple, à La Rochelle, le zéro des cartes marines est situé à 3,504 m en dessous du zéro IGN 1969.

Les zéros hydrographiques ont été définis au XIXe siècle mais, pour certains sites, la réalité s'est avérée différente ou a évolué. C'est pourquoi, en 1996, les zéros hydrographiques ont été modifiés pour deux sites : à Brest, il a été relevé de 50 cm et, à Saint-Nazaire, il a été abaissé de 40 cm.

*Echelle à marée au port de Granville (50).*

# Les heures

Avant de lire un horaire de marées, il faut s'assurer du système horaire. Généralement, les horaires et les informations destinées au grand public sont exprimés en heure légale (TU + 1 en heure d'hiver, TU + 2 en heure d'été). C'est le cas de l'almanach du facteur, des horaires publiés dans les journaux, ou distribués gratuitement en été par des annonceurs publicitaires. En revanche, l'annuaire papier du SHOM est en TU + 1, tandis que les logiciels proposent le choix de l'horaire.

*Granville (50) : le port à pleine mer.*

# Un décalage quotidien

## L'observation

On a démontré précédemment que l'on a deux pleines mers et deux basses mers par jour avec une périodicité de 24 heures. Ceci n'est pas tout à fait exact car, si tel était le cas, cela signifierait que les heures de marées sont identiques d'un jour à l'autre, et l'on n'aurait donc pas à s'encombrer d'horaires de marées. Or quiconque fréquente le bord de mer observe jour après jour une dérive systématique dans les heures de marées.

Exemple : Granville : 14 juillet PM à 12 h 51
15 juillet PM à 13 h 44 décalage = + 53 min

## L'explication

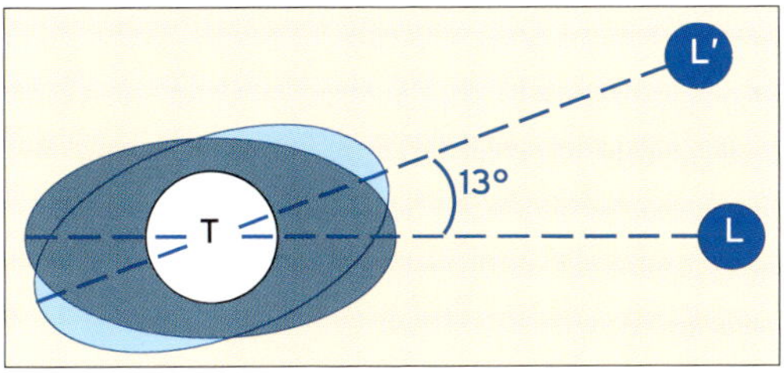


*Décalage quotidien du passage de la Lune au méridien.*

Là encore, l'explication est astronomique. En effet, pendant que la Terre tourne sur elle-même en environ 24 heures, la Lune s'est un peu déplacée, car elle fait un tour complet autour de la Terre en environ un mois. Le déplacement quotidien de la Lune est en moyenne de 13° 10'.

Les bourrelets de marée sont situés sur l'axe Terre-Lune. Si la Lune se déplace, les bourrelets se déplacent aussi. Si on a la Lune au-dessus de sa tête à l'heure t, pour retrouver de nouveau la Lune au-dessus de sa tête, il faut que la Terre tourne de 360° + 13° 10'. Pour faire ces 13° 10' supplémentaires, cela demande en moyenne à la Terre 50 minutes. Donc il sera écoulé t + 24 h + 50 min.

De ce fait, le temps moyen théorique entre deux pleines mers est non pas 24 h / 2 = 12 h, mais 24 h 50 min / 2 = 12 h 25 min. Le temps moyen théorique entre une pleine mer et une basse mer est non pas de 24 h / 4 = 6 h, mais 24 h 50 min / 4 = 6 h 12,5 min.

Jour après jour, la dérive moyenne dans les heures est donc de 50 minutes.

Ce décalage entre jour solaire (24 h) et jour lunaire (24 h 50 min) explique d'ailleurs que deux fois par mois, au lieu d'avoir quatre marées (deux pleines mers et deux basses mers), il n'y en ait que trois :

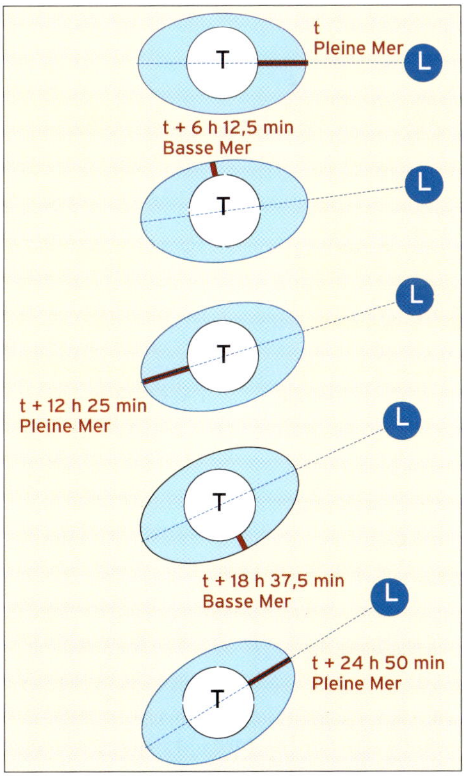


*Alternance moyenne théorique entre Pleine Mer et Basse Mer.*

Exemple : Granville le 3 juillet 2005 :
PM à 5 h 43 ; BM à 12 h 32 ; PM à 18 h 09
Le 2 juillet, on a une PM à 23 h 58 ; le 4 juillet, une BM à 1 h 05.

Mais ces 50 minutes ne représentent qu'une moyenne. Sur un mois en effet, le décalage n'est pas toujours de 50 minutes mais tantôt plus, tantôt moins.

Exemple : Granville
9 juillet 2005 : PM à 22 h 09
10 juillet 2005 : PM à 22 h 40 décalage = 31 min
17 juillet 2005 : PM à 16 h 07
18 juillet 2005 : PM à 17 h 20 décalage = 1 h 13 min

Là encore l'explication est astronomique. Presque un siècle avant Newton, l'astronome Kepler a mis en évidence certaines relations fondamentales valables pour les planètes, sans toutefois pouvoir les justifier. Il s'agit des lois de Kepler, ici adaptées à la Lune.

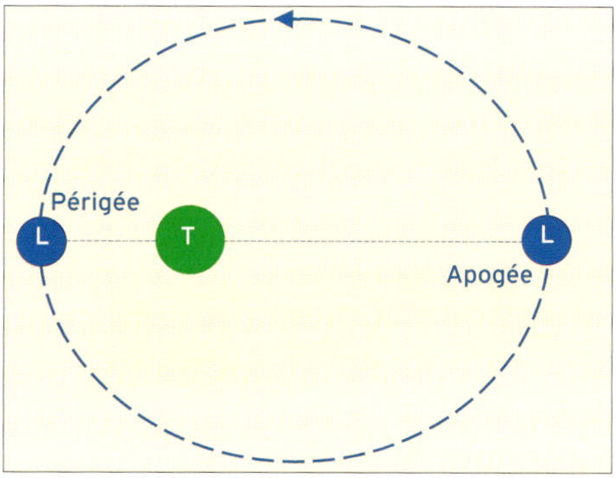


*Orbite elliptique de la Lune.*

**1re loi de Kepler :**

« L'orbite de la Lune n'est pas un cercle, mais une ellipse, dont la Terre occupe l'un des foyers. »

La Lune n'est pas toujours à la même distance de la Terre, variant communément entre l'apogée (point le plus éloigné = 406 470 km) et le périgée (point le plus proche = 356 410 km).

**2e loi de Kepler :**

« Les surfaces balayées par les rayons joignant la Terre et la Lune en des temps égaux sont égales. »

Lorsque la Lune est au périgée, elle va plus vite sur son orbite que lorsqu'elle est à l'apogée. Les surfaces aTb et cTd étant égales, la Lune met le même temps pour aller de a en b que pour aller de c en d.

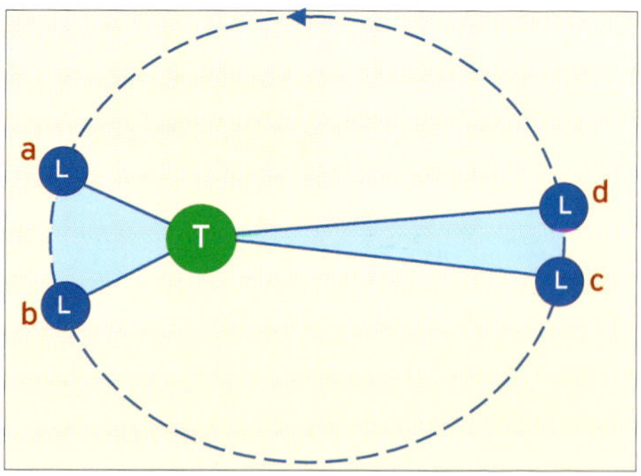


*Loi des aires de Kepler.*

Dans ce cas, l'angle aTb est évidemment plus grand que l'angle cTd ; cet angle varie ordinairement entre 11,8° et 14,7° (périgée, apogée et excentricité moyens). Mais exceptionnellement, dans le cas d'un apogée et d'un périgée extrême, les bornes peuvent alors être respectivement portées à 10,4° et 15,4°. La Terre doit donc quotidiennement tourner de cet angle supplémentaire compris entre 10,4° et 15,4° pour « rattraper » la Lune. Un calcul simple montre que le temps correspondant à cette rotation supplémentaire varie entre 40 et 60 minutes.

Or on constate que le décalage quotidien varie avec une amplitude beaucoup plus grande : communément entre 30 minutes et 1 heure 40 minutes. Notre explication n'est donc pas suffisante. Dans le cas d'une marée semi-diurne comme sur les côtes françaises (c'est-à-dire avec deux marées hautes et deux marées basses par jour), on peut montrer que, en dehors du facteur de distance que l'on vient de voir, il existe un décalage systématique des heures de marées lié à la lunaison, se traduisant par une avance systématique d'environ 14 minutes en syzygie (nouvelle et pleine lune) et un retard systématique de 26 minutes en quadrature (premier et dernier quartier). Ces avances et retards varient légèrement en fonction d'autres critères astronomiques, comme la déclinaison.

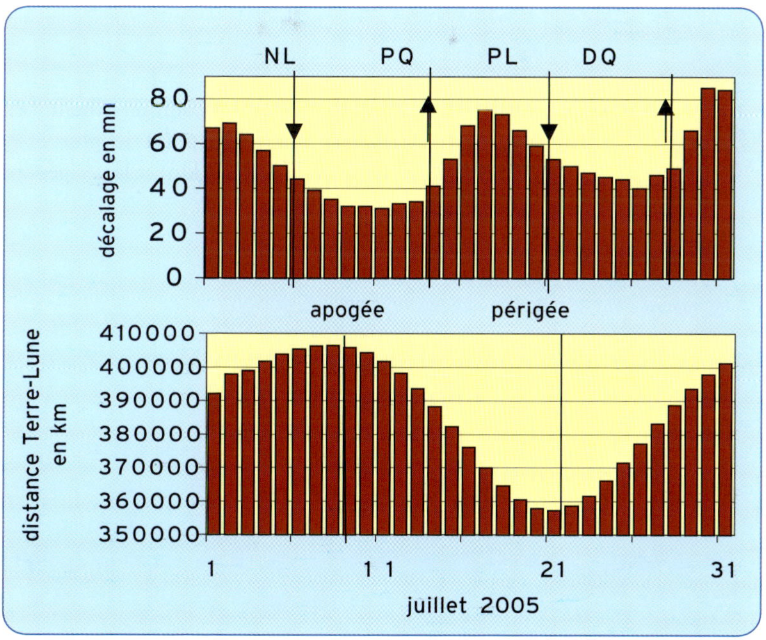


*Décalage quotidien des Pleines Mers à Granville en juillet 2005 et corrélations avec l'angle de révolution.*

# Un deuxième rythme :
## deux grandes marées par mois = vives eaux et mortes eaux

*Les roches de Portsall (29) : quand l'Atlantique devient Manche.*

# L'observation

Le décalage quotidien de l'heure de la marée s'accompagne aussi d'une variation quotidienne des hauteurs d'eau atteintes.

Exemple : Granville :

13 juillet 2005 : PM = 10,38 m à 12 h 10

14 juillet 2005 : PM = 10,06 m à 12 h 51

15 juillet 2005 : PM = 9,79 m à 13 h 44

Sur un mois, ces variations portées sur un graphique reflètent une périodicité qui ne doit rien au hasard, puisqu'on passe à des amplitudes (marnages) maximales alternant chaque semaine avec des amplitudes minimales.

Le marnage maximal correspond à la période de **vive eau.**

Le marnage minimal correspond à la période de **morte eau.**

Lorsque le marnage augmente, c'est le **revif.**

Lorsque le marnage diminue, c'est le **déchet.**

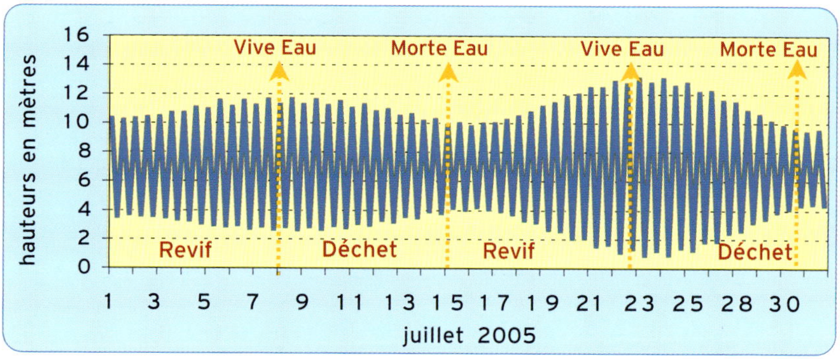


*Hauteurs d'eau à Granville en juillet 2005 (d'après les données du logiciel du SHOM).*

# Qu'est-ce qu'un mois ? La révolution de la Lune

Après le jour, notre deuxième échelle de temps est le mois. C'est une notion plus abstraite que le jour, mais tout aussi astronomique. Concrètement, qu'est-ce qu'un mois ? Un mois, c'est le temps qu'il faut à la Lune pour tourner autour de la Terre. Le mouvement d'un astre autour d'un autre astre s'appelle révolution. La Lune tourne autour de la Terre (fait un tour complet, soit 360°) en 27 j 7 h 43 min. C'est ce que l'on appelle la **révolution sidérale.** L'alignement initial Terre-Lune-Etoile ne se retrouve qu'au bout de ce temps.

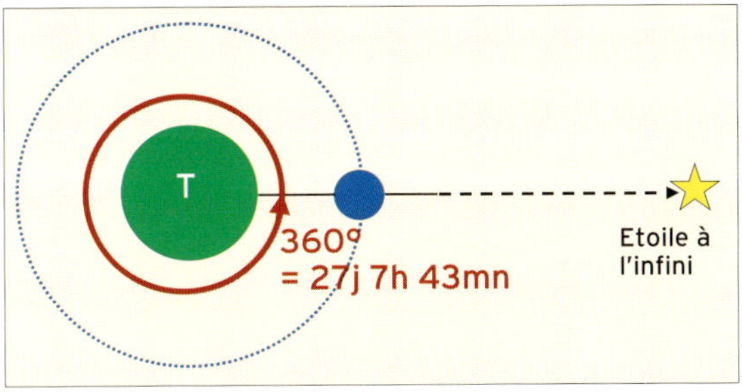


*Révolution sidérale de la Lune.*

Mais, pendant ce temps, la Terre, elle aussi, s'est déplacée, puisqu'elle tourne autour du Soleil (360° en 365 j 6 h 9 min : année sidérale). La Terre accomplit donc un déplacement d'environ 27° en 27 j 7 h.

Un alignement initial Soleil-Lune-Terre ne se retrouvera que lorsque la Lune aura tourné de 360° + 27° + le rattrapage du déplacement de la Terre pendant ces 27° supplémentaires, c'est-à-dire 360° + 27° + 2°, ce qui demande 29 j 12 h 44 min 2 s. C'est ce qu'on appelle la **révolution synodique**, ou **mois lunaire** ou **lunaison.** Ce temps est celui qui sépare deux phases identiques de Lune (quelles qu'elles soient).

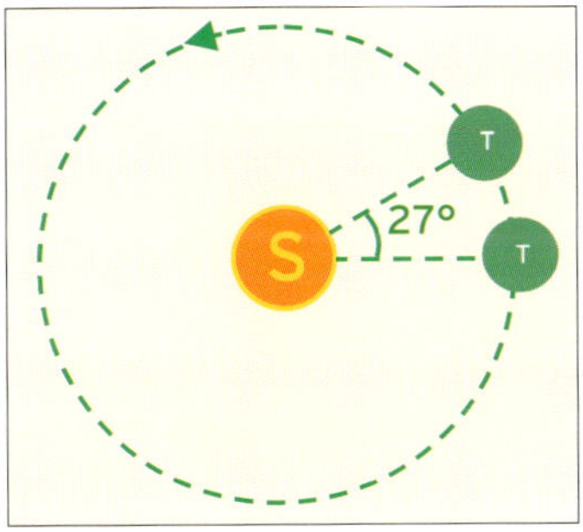


*Déplacement de la Terre pendant la révolution sidérale de la Lune.*

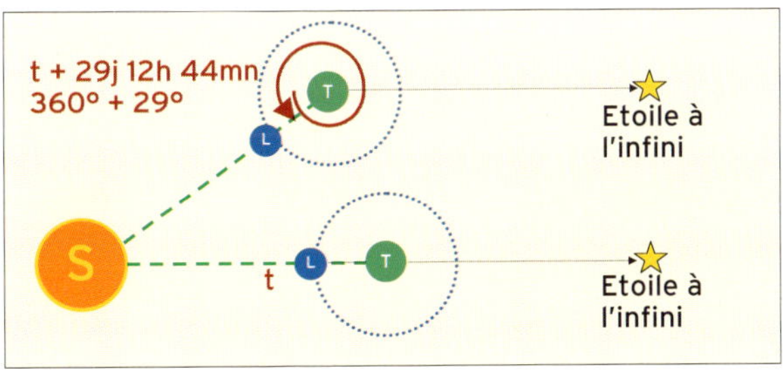


*Révolution synodique de la Lune.*

Il y a donc deux façons de compter le mois. Pour les marées, nous ne retiendrons que la seconde, la révolution synodique.

# Les phases de la Lune

Du fait de cette révolution, l'angle Soleil-Terre-Lune varie jour après jour au cours de la lunaison, expliquant les changements de forme apparente de la Lune.

Les formes de la Lune en relation avec des positions remarquables de la Lune sont appelées **phases**.

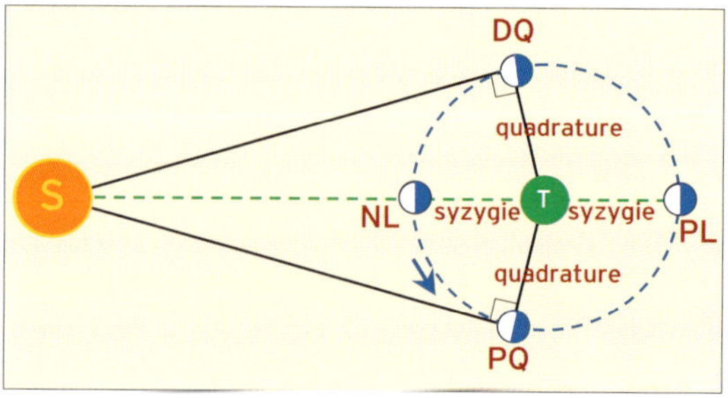


*Phases de la Lune.*

Le schéma présenté ici est le schéma exact. Dans la réalité, le Soleil, étant à une très grande distance de la Terre, peut presque être considéré comme étant à l'infini. Dans ce cas, l'angle Soleil-Terre-Lune est lui aussi pratiquement droit. Dans les croquis qui suivront, nous considérerons cet angle comme droit, dans un souci de simplification.

Classiquement, on considère quatre phases de Lune :

*Éclipse* (Ph. C. Ganter).

**Nouvelle lune** (NL ou ●)
Alignement Soleil-Lune-Terre (angle Soleil-Terre-Lune = 0° = conjonction).
De la Terre, nous ne pourrions voir que la face de la Lune non éclairée en direction du Soleil. Autant dire que la Lune n'est pas visible (sauf en cas d'éclipse).

*Premier Quartier.*

**Premier quartier** (PQ ou ◐)
Soleil-Lune-Terre forment un angle droit (angle Soleil-Lune-Terre = 90° = quadrature Est).
De la Terre, nous voyons la moitié droite de la Lune éclairée.

*Pleine Lune.*

**Pleine lune** (PL ou ○)
Alignement Soleil-Terre-Lune (angle Soleil-Terre-Lune = 180° = opposition).
De la Terre, nous voyons la Lune totalement éclairée.

*Dernier Quartier.*

**Dernier Quartier** (DQ ou ◑)
Soleil-Lune forment un angle droit (angle Soleil-Lune-Terre = 90° = quadrature Ouest).
De la Terre, nous voyons la moitié gauche de la Lune éclairée.

Les phases correspondant à des alignements (nouvelle lune et pleine lune) sont aussi appelées **syzygies** tandis que les phases correspondant à des angles droits (premier quartier et dernier quartier) sont aussi appelées **quadratures.**

Parce qu'il y a quatre phases de Lune en 29,5 jours, les phases se renouvellent environ toutes les semaines.

On s'aperçoit en fait que l'intervalle séparant chaque phase de Lune n'est pas régulier : tantôt plus, tantôt moins que 29,5 jours/4. C'est une autre conséquence de la loi des aires de Kepler. Nous retrouvons ce rythme pour les marées.

# L'explication

Là encore la réponse est astronomique.

Jusqu'ici nous n'avons parlé que de la Lune. Il est temps maintenant d'introduire le Soleil dont nous avons vu qu'il est loin d'être négligeable, même si son influence est environ deux fois moins importante que la Lune.

Les liens les plus évidents entre Soleil, Terre et Lune sont justement les phases de la Lune. Les forces de marée dues à la Lune sont représentées par des flèches bleues, celles dues au Soleil par des flèches rouges (deux fois plus petites car les forces sont deux fois plus petites).

**Nouvelle lune** (NL)

Soleil, Lune et Terre sont alignés. Le renflement dû à la Lune et celui dû au Soleil s'additionnent. L'afflux d'eau est particulièrement important dans le plan de l'alignement, donc la pleine mer sera particulièrement haute. A angle droit, le départ d'eau est lui aussi particulièrement important, donc la basse mer sera particulièrement basse. Dans cette configuration, la mer monte très haut et descend très bas ; le marnage est important : c'est la grande marée ou **vive eau** (VE). Le niveau de l'eau bouge beaucoup, l'eau est « vivante » d'où son nom.

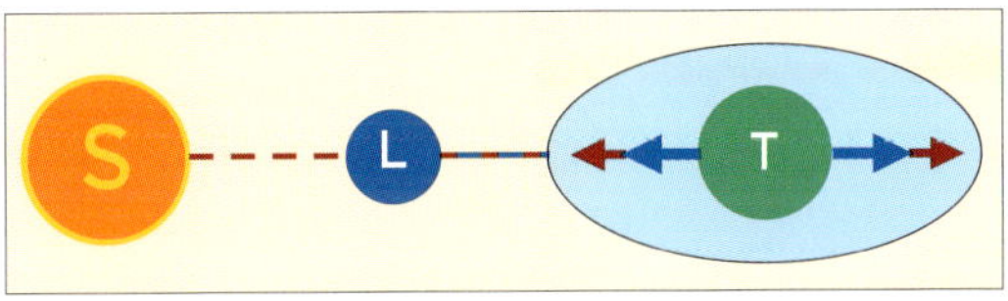


*Action du Soleil et de la Lune sur les marées en nouvelle lune.*

**Premier quartier** (PQ)

Soleil, Lune et Terre forment un angle droit. Les actions du Soleil et de la Lune s'exercent selon deux axes différents (à angle droit). Chaque astre produit une attraction maximale sur son axe ; de ce fait, le renflement dû à la Lune ne se superpose plus à celui dû au Soleil. Tout se passe comme si l'action de la Lune était contra-

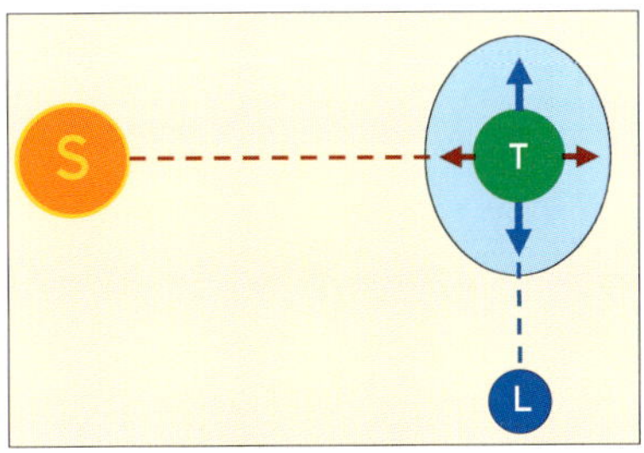


*Action du Soleil et de la Lune sur les marées en premier quartier.*

riée par l'action du Soleil. Comme l'action de la Lune est prépondérante, les renflements principaux (pleines mers) se produisent selon un axe Terre-Lune, tandis que les renflements secondaires se produisent selon un axe Terre-Soleil (basses mers). Dans cette configuration, la mer monte peu, mais descend peu aussi. Le marnage est faible ; c'est la petite marée ou **morte eau** (ME). Le niveau de l'eau bouge peu, l'eau paraît morte, ce qui explique, là encore, son nom.

**Pleine lune** (PL)

Soleil, Terre et Lune sont de nouveau alignés. On retrouve une situation analogue à celle de la nouvelle lune pour ce qui est de la composition des forces (puisqu'il y a une symétrie entre le point sous l'astre et celui situé aux antipodes) : la mer de nouveau monte très haut et descend très bas. Le marnage est important : c'est encore une **vive eau.**

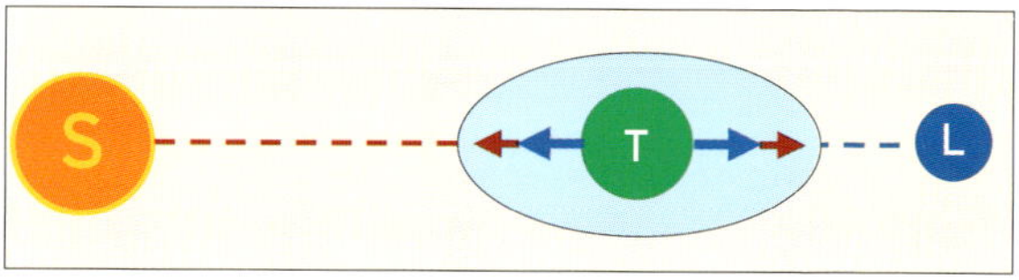


*Action du Soleil et de la Lune sur les marées en pleine lune.*

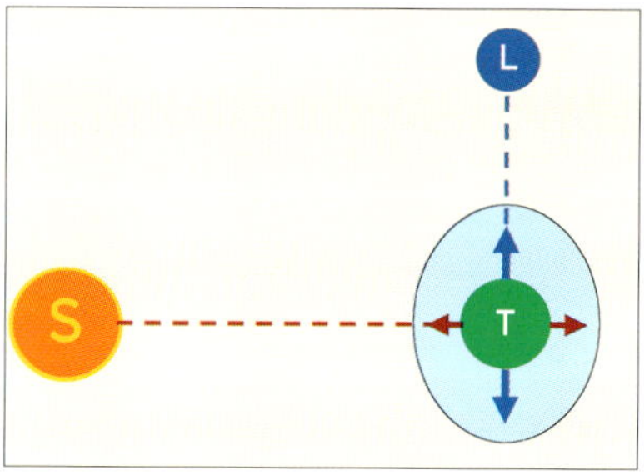


*Action du Soleil et de la Lune sur les marées en dernier quartier.*

**Dernier quartier** (DQ)

Soleil, Lune et Terre forment un angle droit. La situation est analogue à celle du premier quartier : la mer monte peu et descend peu ; le marnage est faible. C'est de nouveau la **morte eau.**

L'astronomie nous éclaire pour expliquer ces alternances de vives eaux et de mortes eaux chaque semaine, à chaque changement de phase de Lune.

On peut aussi raisonner sur les ondes de marée : on peut dire qu'une onde lunaire (de période moyenne de 12,42 h) et une onde solaire (de période de 12 h et d'amplitude deux fois plus faible) se combinent pour donner une onde résultante.
En syzygie (nouvelle lune et pleine lune), les ondes sont en phase et s'additionnent : la résultante est une onde plus forte.

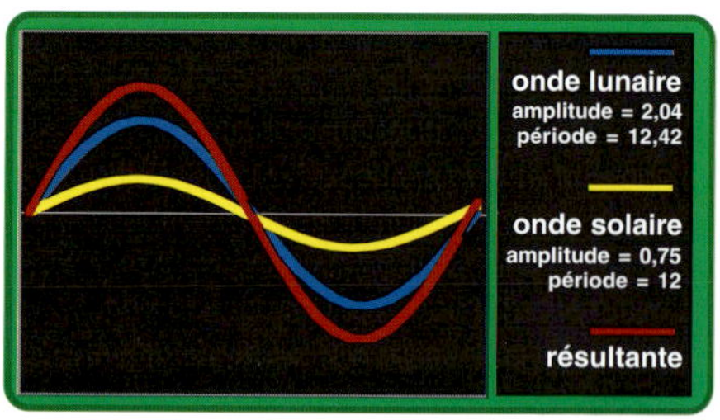


*onde lunaire + onde solaire en phase = syzygie (simulation informatique).*

En quadrature (premier quartier et dernier quartier), les ondes ne sont plus en phase et se retranchent ; la résultante est une onde plus faible.
En combinant ces ondes sur un mois, l'allure de la courbe théorique résultante rappelle bien celle de la courbe constatée : accentuation du marnage en syzygie, diminution en quadrature.

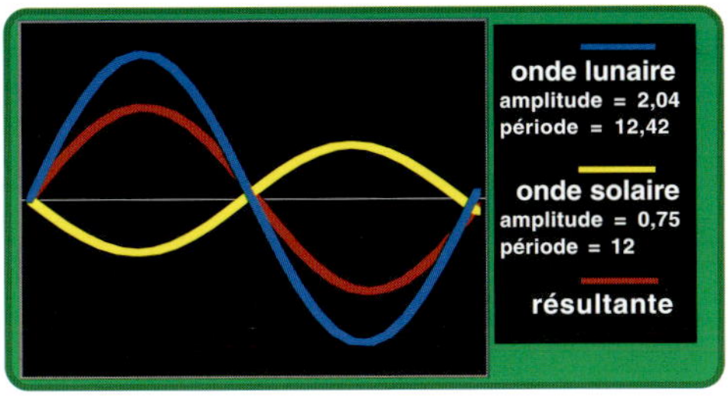


*Onde lunaire + onde solaire déphasées = quadrature (simulation informatique).*

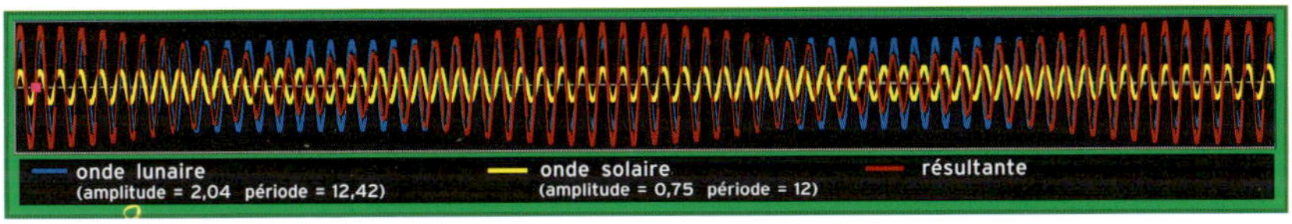


*Onde lunaire + onde solaire sur un mois = alternance syzygie et quadrature (simulation informatique).*

**Tous les quinze jours, en raison du décalage quotidien des heures de marées d'en moyenne 50 minutes, les marées retrouvent approximativement les mêmes horaires. Pour un lieu donné, d'une syzygie à l'autre, d'une quadrature à l'autre, les heures de marées de retrouvent à peu près à l'identique.**

# L'âge de la marée

Si l'on reprend l'exemple précédent, on note cependant qu'il y a un décalage systématique entre la phase de Lune et le jour de la vive eau (ou de la morte eau).

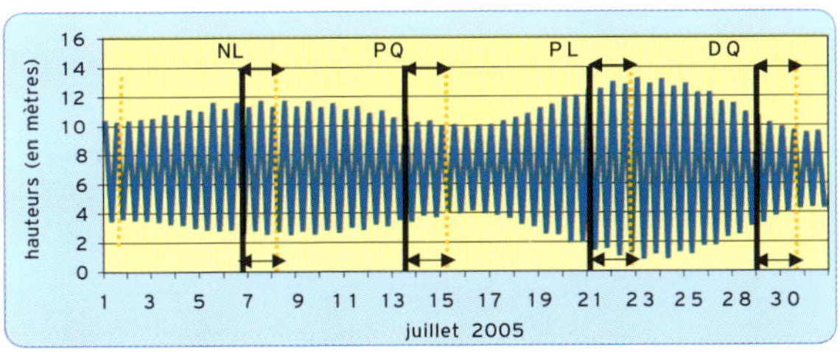


*Hauteurs d'eau à Granville en juillet 2005 et corrélations avec les phases de la Lune (d'après les données du logiciel du SHOM).*

Ainsi, à Brest, il faut attendre environ 36 heures après l'heure de la syzygie pour constater le plus grand marnage (maximum de la vive eau). Le même décalage existe entre l'heure de la quadrature et le minimum de la morte eau.

Ce décalage est appelé **âge de la marée**. Systématique et constant, il correspond au temps d'arrivée de l'onde de marée.

On commence à voir effectivement les limites de la théorie. Nous avons raisonné sur le cas d'un océan infini sans masses continentales. Or les continents sont un obstacle majeur à la progression de la marée. L'océan Atlantique est limité à l'ouest par les Amériques formant une barrière continue sur près de 30 000 km, et à l'est par l'Europe et l'Afrique sur plus de 20 000 km.

# Du qualitatif au quantitatif : le coefficient de marée

L'amplitude de l'oscillation de la marée est, en France, quantifiée par un coefficient dit **coefficient de marée.** Exprimé en centièmes, il peut varier de 20 à 120 (ces bornes sont théoriques et difficilement atteintes, car chaque paramètre majeur intervenant dans le calcul des marées doit être à son optimum).

Les coefficients de marée varient dans les proportions de 1 à 6, car l'amplitude de marée varie dans ces proportions. Il n'y a pas de marée nulle, car l'action de la Lune est à peu près deux fois supérieure à l'action du Soleil (on aurait pu avoir des marées nulles en quadrature si l'action de la Lune et du Soleil avaient été égales).

Les coefficients de marée, inventés par des hydrographes français au XIX<sup>e</sup> siècle, dépendent seulement de l'effet semi-diurne lunaire et pourraient être pratiquement applicables à l'ensemble des côtes à marées de ce type. Cependant, malgré leur côté très pratique, ils ne sont utilisés que par l'école française et absolument pas par les Anglo-Saxons.

Grandeur sans unité, le coefficient de marée est calculé pour Brest en divisant le demi-marnage par 3,21. Ce chiffre de 3,21 (dont on verra plus tard qu'il correspond à l'Unité de Hauteur) a été choisi afin que le coefficient de marée soit de 100 lorsque le Soleil et la Lune passent dans le plan de l'équateur (donc automatiquement en équinoxe) et lorsque la Lune est à une distance moyenne. Tout ceci bien sûr a été défini empiriquement après de longues séries de mesures.

| | |
|---|---|
| Vive Eau | 120 = Vive Eau exceptionnelle<br>95 = Vive Eau moyenne<br>70 = Marée moyenne |
| Morte Eau | 45 = Morte Eau moyenne<br>20 = Morte Eau exceptionnelle |

Le coefficient de marée est donc un chiffre très visuel, très concret, permettant de repérer facilement et rapidement l'état de la marée un jour donné, en s'affranchissant de calculs fastidieux. Cependant, bien qu'efficace, ce n'est qu'une approximation. En effet, le coefficient de marée est calculé en fonction de critères astronomiques dont on ne retient que les ondes semi-diurnes (les plus importantes sur nos côtes), en excluant toutes les autres ondes jugées mineures. Les hauteurs d'eau présentées dans les annuaires des marées sont calculées en tenant compte de toutes les ondes, d'où parfois des hauteurs d'eau différentes pour un même coefficient de marée.

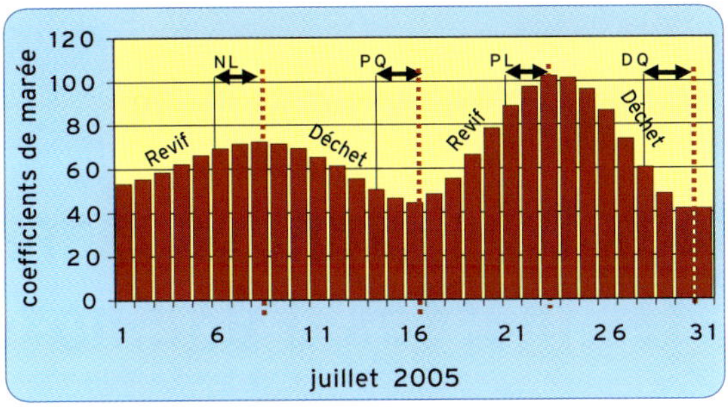


*Coefficients de marée en juillet 2005 référence Brest (d'après les données du logiciel du SHOM).*

En reprenant notre exemple, si l'on reporte sur une courbe non plus le marnage, mais les coefficients de marée, on obtiendra une courbe ayant les mêmes tendances, avec le même décalage de l'âge de la marée.

Dans un souci de simplification, nous raisonnerons maintenant principalement à partir des coefficients de marée. Nous choisirons systématiquement les coefficients de Brest qui, depuis près de deux siècles, servent de référence.

# Fréquence des coefficients de marée

Statistiquement, il est des coefficients de marée plus fréquents que d'autres :

Si l'on regarde tous les coefficients de marée du XXI^e^ siècle (cela représente 36 524 coefficients !), on s'aperçoit que :

– le coefficient de marée le plus fréquent (modale) est 79 ;

– la moyenne des coefficients tourne autour de 70 (70,19) ;

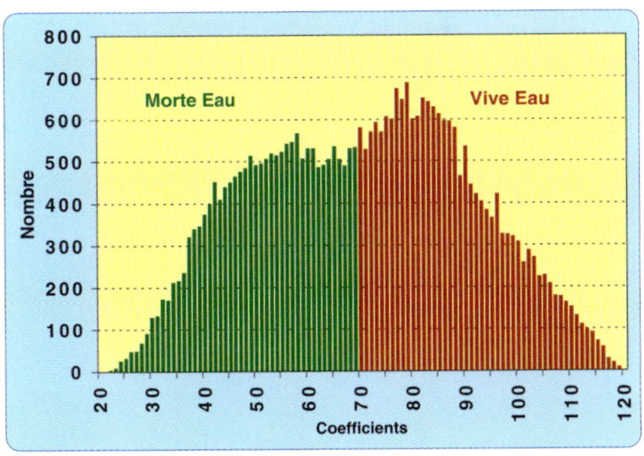


*Fréquence des coefficients de marée (référence Brest) au XXI^e^ siècle (d'après les données du logiciel du SHOM).*

– l'histogramme est bimodal, c'est-à-dire qu'il présente deux maxima : le coefficient de marée le plus fréquent en vive eau est 79, en morte eau, 58 ;

– les coefficients de vive eau, c'est-à-dire supérieurs à 70, sont statistiquement plus fréquents (50,68 %) que ceux de morte eau, inférieurs à 70 (47,72 %). Les coefficients de marée moyenne (= 70) représentent 1,6 %.

# Un troisième rythme :
# deux très grandes marées par an = les marées d'équinoxe

*Mont-Saint-Michel (50), pleine mer, coefficient 96.*

# L'observation

Si l'on regarde maintenant l'évolution des coefficients de vive eau et de morte eau sur une longue période (par exemple trois ans), on note d'autres variations non aléatoires :

– les vives eaux les plus fortes (coefficients maximaux) et les mortes eaux les plus faibles (coefficients minimaux) ont lieu deux fois par an, au voisinage de mars et de septembre.

– les coefficients de vive eau les plus faibles (coefficients minimaux) et les mortes eaux les plus fortes (coefficients maximaux) ont lieu deux fois par an aussi, mais au voisinage de juin et de décembre.

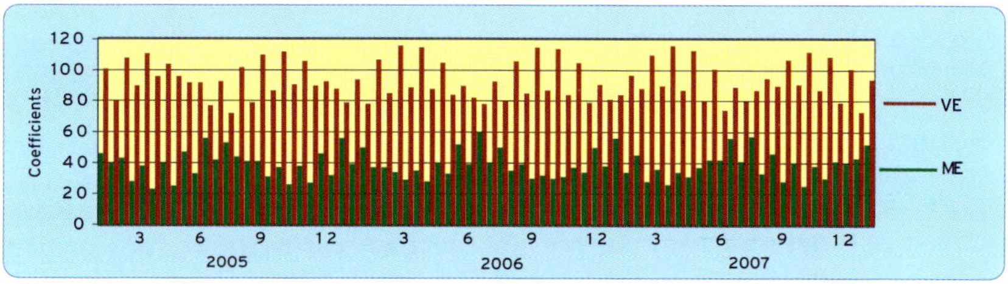


*Coefficients de marée de vive eau et de morte eau en 2005, 2006, 2007 (référence Brest, d'après les données du logiciel du SHOM).*

# Qu'est-ce qu'une année ?

## Les variations de distance

La Terre tourne autour du Soleil en un an selon une orbite elliptique (mais l'ellipsité est beaucoup plus faible que celle de la Lune) : la Terre est plus proche du Soleil aux environs du 3 janvier (périhélie = 147 094 000 km) et plus éloignée aux environs du 3 juillet (aphélie = 152 095 000 km). C'est en janvier que le facteur distance Terre-Soleil est le plus favorable, renforçant d'environ 10 % par rapport à juillet les forces de marée dues au Soleil. C'est donc en janvier que l'on devrait noter les plus fortes marées, et non vers mars et septembre.

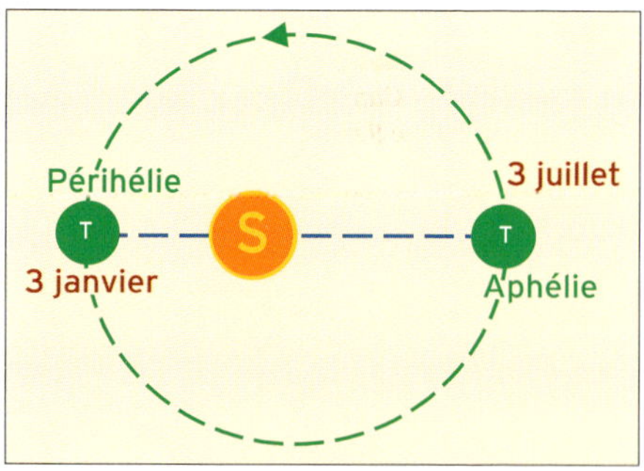


*Orbite terrestre autour du Soleil.*

# Les variations de déclinaison : les équinoxes

Un autre paramètre est à prendre en compte : la **déclinaison**, c'est-à-dire l'angle obtenu entre le Soleil et le plan de l'équateur.

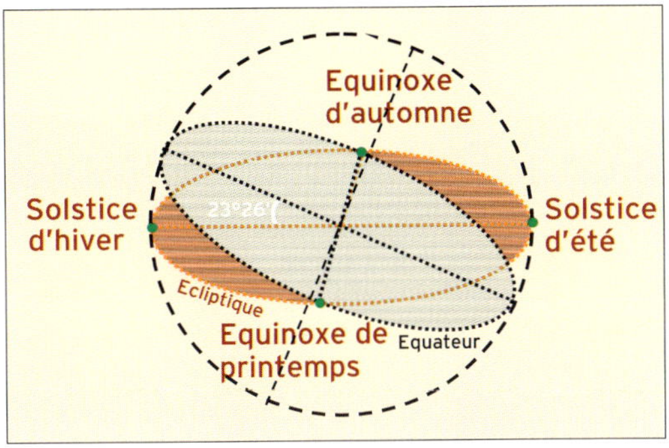


*Variation de la déclinaison du Soleil avec les saisons.*

La Terre tourne autour du Soleil en 365 j 6 h 9 min 9 s selon un plan appelé écliptique, faisant avec le plan de l'équateur un angle de 23° 26' 21" (en 2000). En résumé, la Terre tourne en étant inclinée. De ce fait, parce que l'axe des pôles regarde toujours vers la même direction (étoile polaire), la déclinaison du Soleil varie tous les jours.

*Port de Perros-Guirec (22) par Pleine Mer de coefficient 119 le 9 mars 1993.* (Ph. J.-P. Scheer)

Elle est maximale aux solstices :

+ 23° 26' 21" au solstice de juin (le Soleil est dans le plan du tropique du Cancer) ;

- 23° 26' 21" au solstice de décembre (le Soleil est dans le plan du tropique du Capricorne).

Elle est nulle aux équinoxes :

0° à l'équinoxe de mars (le Soleil est dans le plan de l'équateur) ;

0° à l'équinoxe de septembre (le Soleil est dans le plan de l'équateur).

# L'explication

L'attraction du Soleil est maximale lorsque le Soleil est dans le plan de l'équateur (déclinaison = 0°), c'est-à-dire aux équinoxes. Elle est minimale lorsque la direction du Soleil est au plus loin du plan de l'équateur (déclinaison = ± 23° 26'), c'est-à-dire aux solstices. Cela explique le renforcement des coefficients de vive eau et l'affaiblissement des coefficients de morte eau aux équinoxes. L'inverse se produit aux solstices : affaiblissement des coefficients de vive eau et renforcement des coefficients de morte eau.

Si l'on raisonne en termes d'ondes, tout se passe comme si le Soleil générait une onde de période semi-annuelle (182 jours) avec une amplitude maximale au moment des équinoxes.
Mathématiquement, en faisant quelques approximations, et notamment en confondant les trajectoires apparentes du Soleil et de la Lune, la formule de Laplace permet de calculer les proportions de variation de niveau de l'eau :

En vive eau :
$h = L \cos^2 d + S \cos^2 d'$

En morte eau :
$h = L \cos^2 d - S \cos^2 d'$
où L représente le coefficient lunaire
S le coefficient solaire
d la déclinaison de la Lune
d' la déclinaison du Soleil.

En prenant $L/S = 3$ (valeur moyenne)
et $L + S = 1$ (la vive eau d'équinoxe étant prise comme référence)
soit $L = 0{,}75$ et $S = 0{,}25$,

on trouve :
- pour les vives eaux d'équinoxe :
$d = d' = 0$
alors $h = 1$.

- pour les mortes eaux d'équinoxe :
$d = \pm 23° 26'$
$d' = 0$
alors $h = 0{,}38$ ;

- pour les vives eaux de solstice
$d = \pm 23° 26'$
alors $h = 0{,}84$ ;

- pour les mortes eaux de solstice
$d = 0$
$d' = \pm 23° 26'$
alors $h = 0{,}54$.

En prenant maintenant en compte les variations de distances de la Terre à la Lune, le rapport L/S que nous avons pris de 3 (valeur moyenne) peut varier entre 2,4 et 3,6, ce qui, pour les données précédentes, nous donne les fourchettes suivantes :
Vives eaux d'équinoxe = 0,85 à 1,15
Mortes eaux d'équinoxe = 0,25 à 0,50
Vives eaux de solstice = 0,71 à 0,86
Mortes eaux de solstice = 0,39 à 0,69.

La variation de la déclinaison du Soleil est semi-annuelle. Donc tous les ans, au voisinage des équinoxes, les vives eaux sont particulièrement fortes et, au voisinage des solstices, les mortes eaux sont particulièrement fortes.

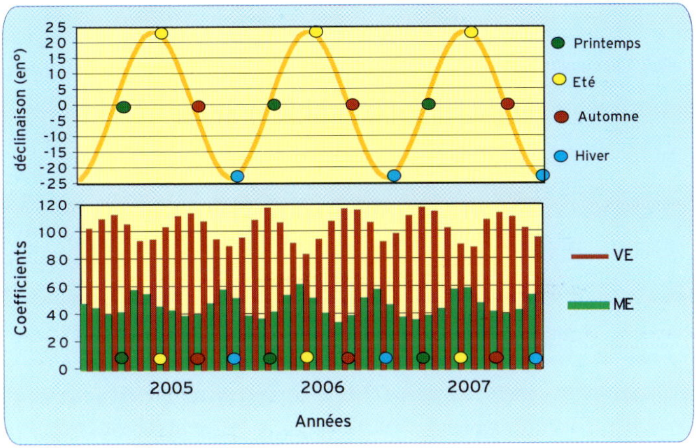


*Coefficient de marée de vive eau et de morte eau les plus forts chaque mois en 2005, 2006, 2007. (Référence Brest, d'après les données du logiciel du SHOM)*

L'évolution des coefficients de marée sur quelques années montre que les vives eaux sont en effet systématiquement plus fortes aux environs des équinoxes et plus faibles aux environs des solstices, tandis que les mortes eaux ont des coefficients systématiquement plus faibles en équinoxes qu'en solstices. Mais les valeurs atteintes subissent des variations. Pour bien constater ce rythme, il suffit d'observer l'évolution des coefficients de vives eaux et de solstice sur une plus longue période.

On perçoit une période d'environ quatre ans, ce qui nous conduira à la définition d'un quatrième rythme.

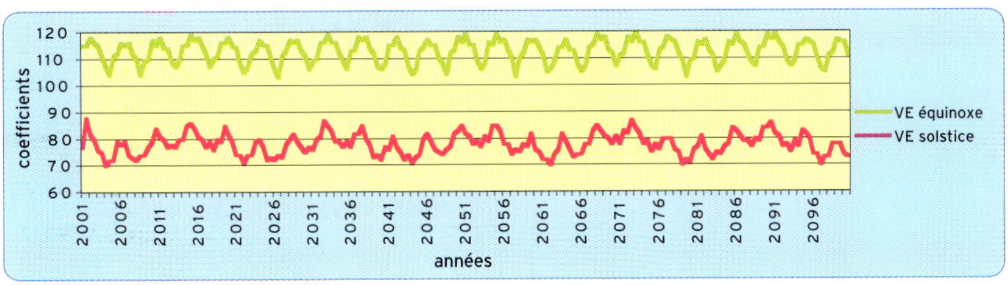


*Coefficients de marée de vive eau d'équinoxe et de solstice au XXIe siècle. (Référence Brest, d'après les données du logiciel du SHOM)*

# Fréquence des coefficients de marée d'équinoxe au XXI^e^ siècle

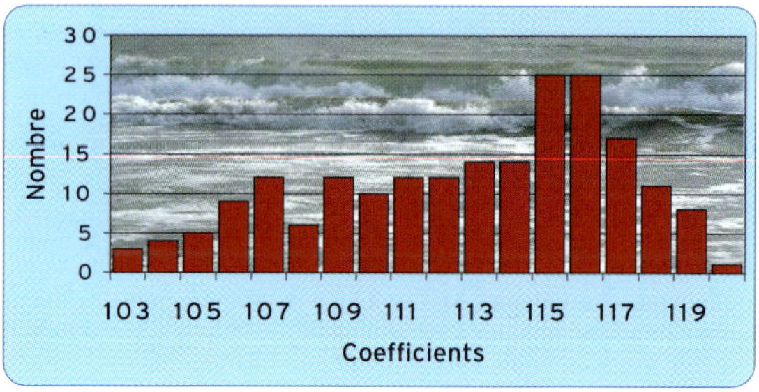


*Fréquence des coefficients de marée d'équinoxe au XXI^e^ siècle.*

Si l'on prend chaque année le coefficient de marée le plus fort au voisinage du printemps et au voisinage de l'automne, pour tout le XXI^e^ siècle (cela représente donc 200 coefficients), on constate que les marées d'équinoxe du XXI^e^ siècle ont des coefficients compris entre 103 et 120 (le maximum sera atteint). La modale est de 115-116, la moyenne tourne autour de 112. Il est plus fréquent de rencontrer des coefficients forts que des coefficients faibles.

Les coefficients les plus forts (118, 119, 120) correspondent aux équinoxes de printemps, car comme on l'a vu, la Terre est plus proche du Soleil au printemps qu'en automne, tandis que les plus faibles coefficients (103) ont lieu en automne.

Cependant la grande plage de variations pose la question d'un quatrième rythme.

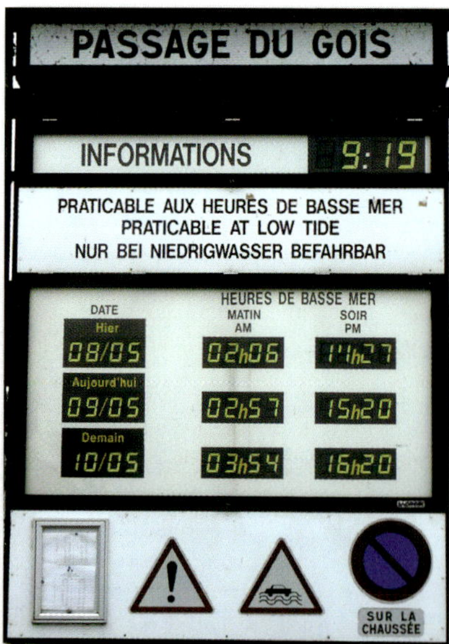

PASSAGE DU GOIS
Praticable uniquement
à la période de basse mer
Passable only
at low tide
Nur bei Ebbe befahrbar

Risque de noyade
Risk of drowning
Bei Flut besteht Lebensgefahr

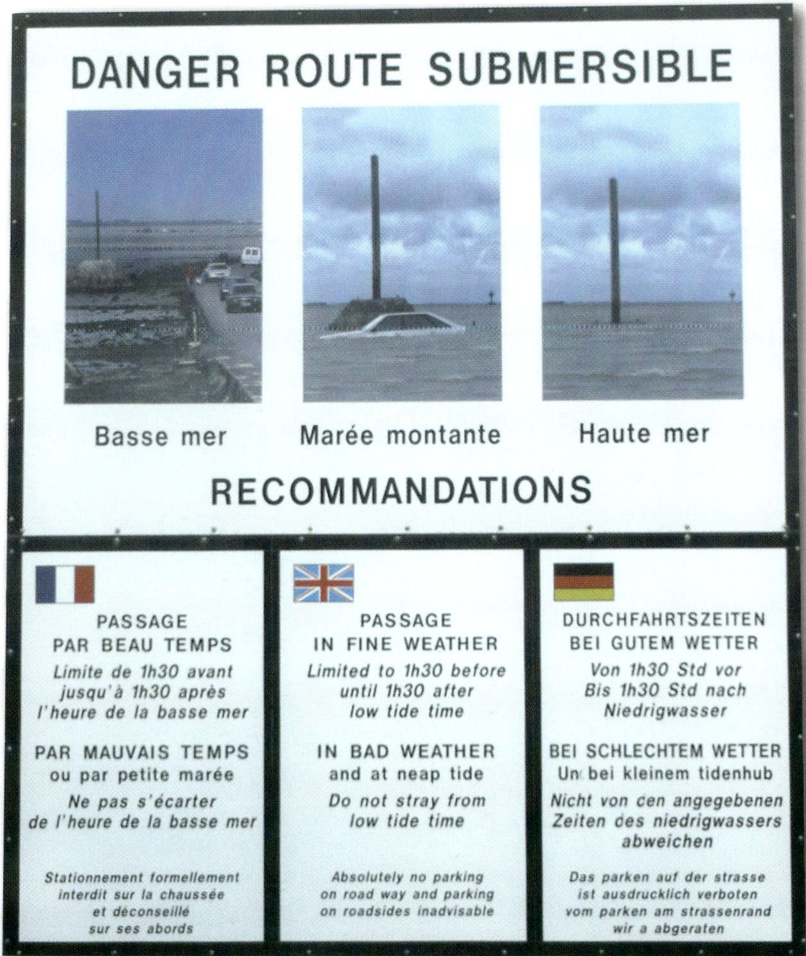
DANGER ROUTE SUBMERSIBLE
Basse mer
Marée montante
Haute mer
RECOMMANDATIONS
PASSAGE
PAR BEAU TEMPS
Limite de 1h30 avant
jusqu'à 1h30 après
l'heure de la basse mer
PAR MAUVAIS TEMPS
ou par petite marée
Ne pas s'écarter
de l'heure de la basse mer
Stationnement formellement
interdit sur la chaussée
et déconseillé
sur ses abords
PASSAGE
IN FINE WEATHER
Limited to 1h30 before
until 1h30 after
low tide time
IN BAD WEATHER
and at neap tide
Do not stray from
low tide time
Absolutely no parking
on road way and parking
on roadsides inadvisable
DURCHFAHRTSZEITEN
BEI GUTEM WETTER
Von 1h30 Std vor
Bis 1h30 Std nach
Niedrigwasser
BEI SCHLECHTEM WETTER
Un bei kleinem tidenhub
Nicht von cen angegebenen
Zeiten des niedrigwassers
abweichen
Das parken auf der strasse
ist ausdrucklich verboten
vom parken am strassenrand
wir a abgeraten

# Un quatrième rythme : des marées inégales d'une vive eau à l'autre, d'une morte eau à l'autre = marées de périgée

*Biarritz (64) : le rocher de la Vierge en premier croissant de Lune.*

# L'observation

Revenons d'abord à l'échelle du mois. D'une vive eau à l'autre (donc chaque quinzaine), la valeur des coefficients peut varier considérablement.

Lorsqu'il y a une grande différence, les vives eaux de nouvelle lune peuvent être les plus fortes (par exemple, en mars 2005).

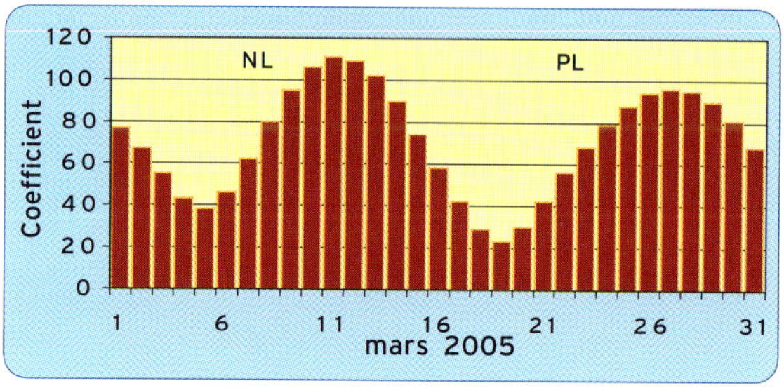


*Coefficients de marée en mars 2005.*

Mais on peut aussi avoir l'inverse (par exemple, en septembre 2005).

A d'autres moments, les coefficients peuvent aussi être très proches (par exemple, en mai 2005).

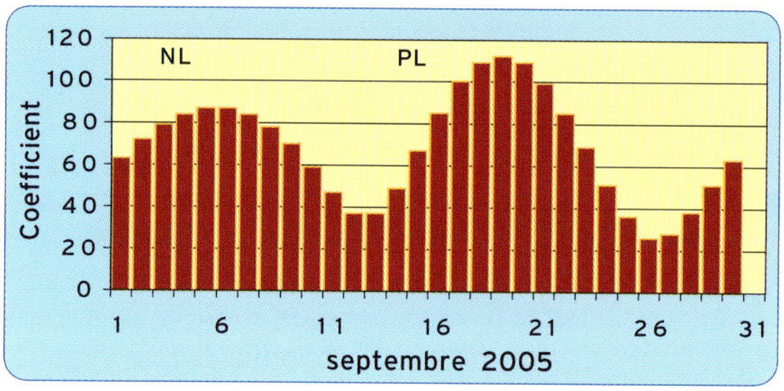


*Coefficients de marée en septembre 2005.*

Ces variations nous paraissent aléatoires et anarchiques. Pourtant, il existe bel et bien un rythme. Mais pour le voir, il faut adopter une autre échelle de temps et regarder sur plusieurs années.

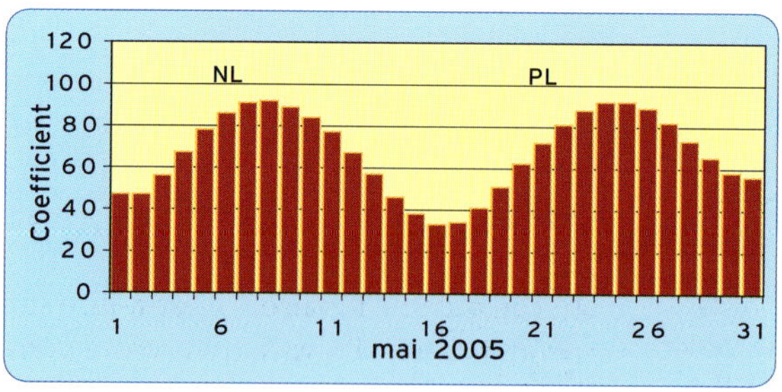


*Coefficients de marée en mai 2005.*

Les marées de vive eau de nouvelle lune sont plus fortes que celles de pleine lune pendant un peu plus de six mois. Puis c'est l'inverse et ainsi de suite. On retrouve donc la suprématie d'une même phase à chaque cycle d'un peu plus de treize mois. De même, les marées de morte eau de premier quartier sont plus faibles que celles de

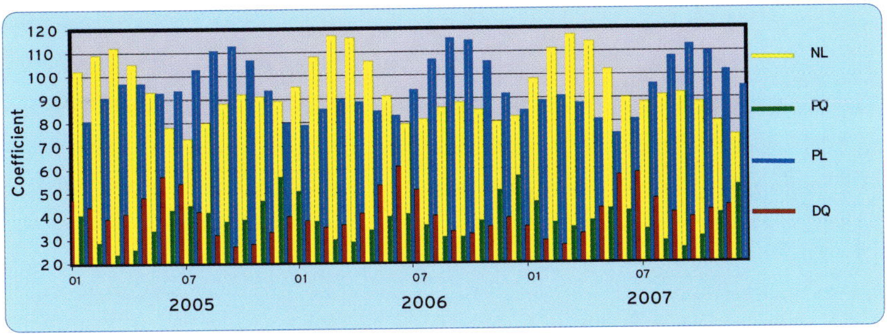


*Coefficients de marée de vive eau et de morte eau en 2005, 2006, 2007 et corrélations avec les phases de la Lune. (Référence Brest, d'après les données du logiciel du SHOM)*

dernier quartier pendant un peu plus de six mois aussi. Puis c'est l'inverse et ainsi de suite. La suprématie d'une phase de Lune pour la morte eau (PQ ou DQ) ne coïncide pas avec la suprématie d'une phase de Lune pour la vive eau (NL ou PL), mais s'insère entre deux. Il y a donc, tous les trois mois environ, une action amplifiée de la Lune en correspondance avec une phase de Lune.

# L'explication : le périgée lunaire

## Variations de distance sur un mois

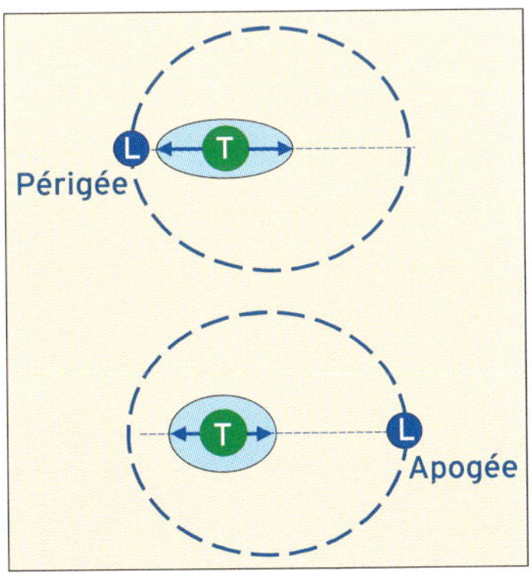


*Intensité de la force de marée due à la Lune en fonction de la distance Terre-Lune.*

Ces changements périodiques, là encore, s'expliquent par l'astronomie, le facteur principal étant ici la variation de la distance Terre-Lune (que l'on a déjà abordée pour expliquer le décalage quotidien dans l'heure de la marée).

La Lune parcourt son orbite autour de la Terre selon une ellipse à forte excentricité (0,0549) puisque les distances Terre-Lune varient de manière extrême entre 356 371 km (périgée) et 406 720 km (apogée).

Au cours d'une lunaison, c'est-à-dire sur environ un mois, les variations entre périgée et apogée peuvent avoisiner les 50 000 km (13 % de la distance moyenne), ce qui explique que, lorsque la Lune est au périgée, elle nous paraisse plus grosse que lorsqu'elle est à l'apogée (jusqu'à 13 % de différence donc, ce qui est tout à fait perceptible par l'œil humain).

La force de marée, inversement proportionnelle au cube de la distance, est donc plus forte au périgée lunaire qu'en apogée lunaire (jusqu'à 49 % en plus). Ce phénomène est un facteur d'augmentation des coefficients de marée.

## Variations de distance sur un an

Regardons ce qui se passe sur une année. Si l'on a au temps t le périgée lunaire en nouvelle lune (A), trois mois après (t + 3 mois), il sera en dernier quartier (B) ; trois mois plus tard (t + 6 mois), il sera en pleine lune (C) ; trois mois plus tard encore (t + 9 mois), il sera en premier quartier (D), et trois mois après encore (E), on retrouvera la situation initiale (A), et ainsi de suite.

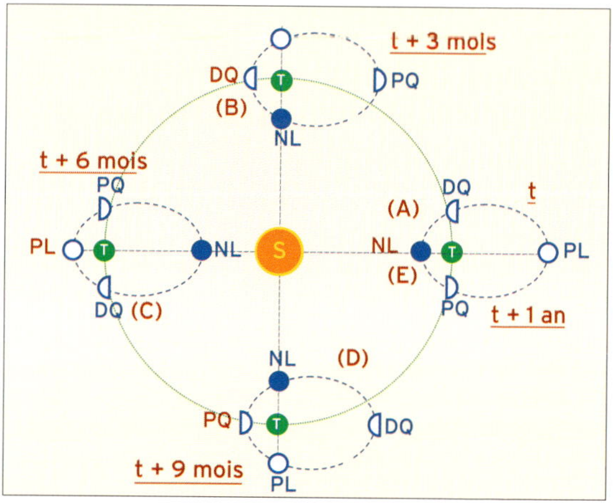


*Passage du périgée de la Lune aux différentes phases de Lune au cours d'une année (hors mouvement du périgée).*

Parce que la Terre tourne autour du Soleil en un an, le périgée lunaire a lieu tous les trois mois lors de phases se succédant en ordre inverse à l'ordre de succession des phases.

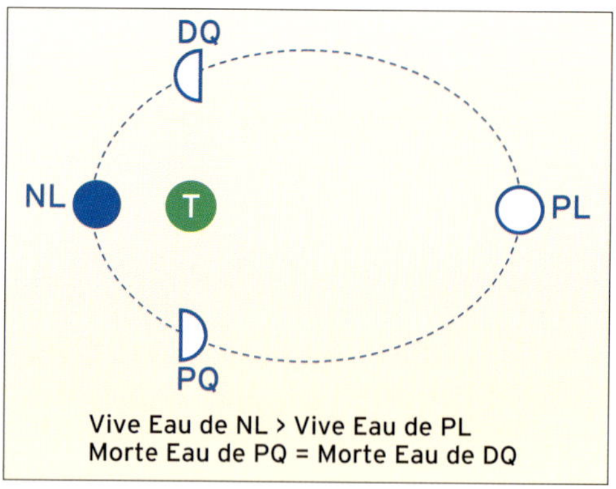


*Marées lorsque le périgée est en nouvelle lune.*

Périgée lunaire en nouvelle lune (A) :
– Vive eau de nouvelle lune > Vive eau de pleine lune ;
– Morte eau de premier quartier = Morte eau de dernier quartier.

Périgée lunaire en dernier quartier (B) :
– Vive eau de nouvelle lune = Vive eau de pleine lune ;
– Morte eau de dernier quartier > Morte eau de premier quartier.

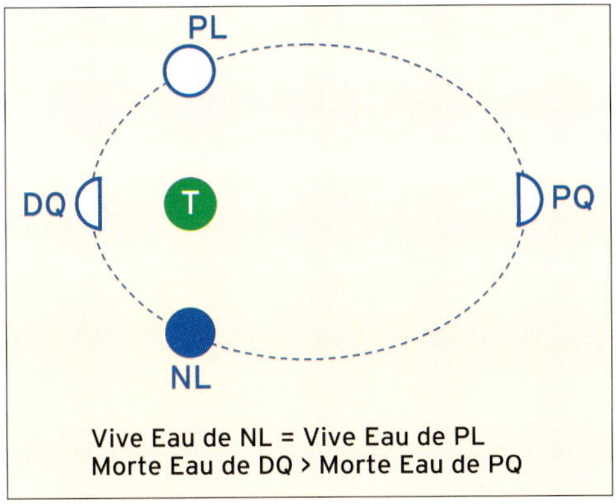


*Marées lorsque le périgée est en dernier quartier.*

Périgée lunaire en pleine lune (C) :
– Vive eau de pleine lune > Vive eau de nouvelle lune ;
– Morte eau de dernier quartier = Morte eau de premier quartier.

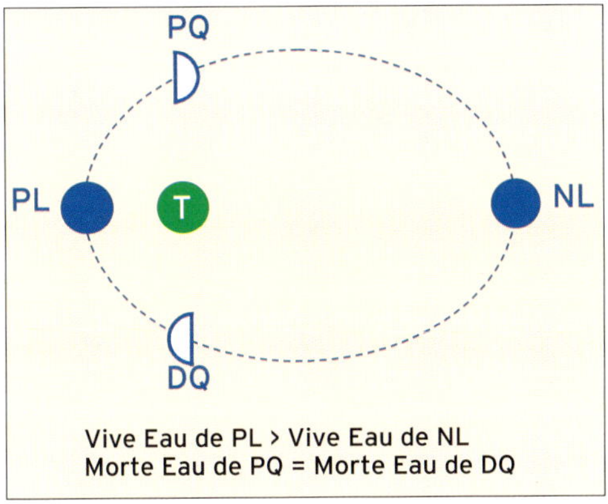


*Marées lorsque le périgée est en pleine lune.*

Périgée lunaire en premier quartier (D) :
– Vive eau de pleine lune = Vive eau de nouvelle lune ;
– Morte eau de premier quartier > Morte eau de dernier quartier.

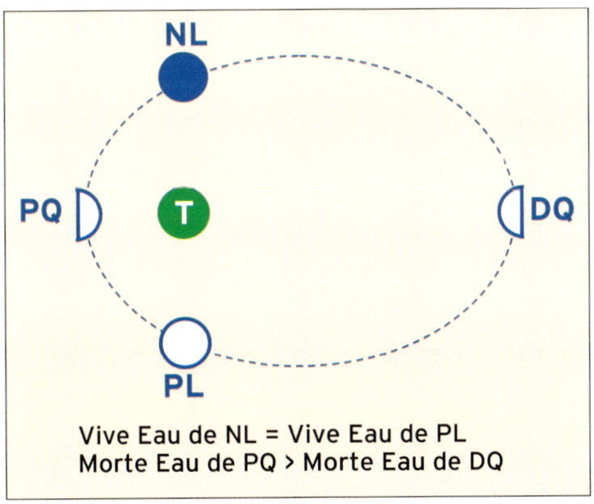


*Marées lorsque le périgée est en premier quartier.*

On retrouve bien le rythme d'environ six mois mis en évidence pour passer de la suprématie des marées de nouvelle lune à celles de pleine lune. Cela n'a donc rien à voir avec les équinoxes.

# Variations de distance sur 8,8 ans

Ce rythme est d'« environ » six mois, car en fait c'est un peu plus : l'orbite de la Lune est effectivement animée d'un mouvement très lent dans le sens direct (contraire des aiguilles d'une montre), lui faisant faire un tour complet en 8 ans 310 jours (ou 8,84753 ans).

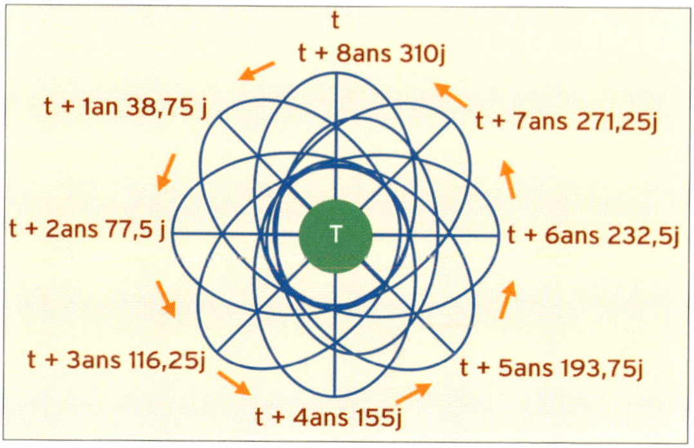


*Mouvement du périgée lunaire.*

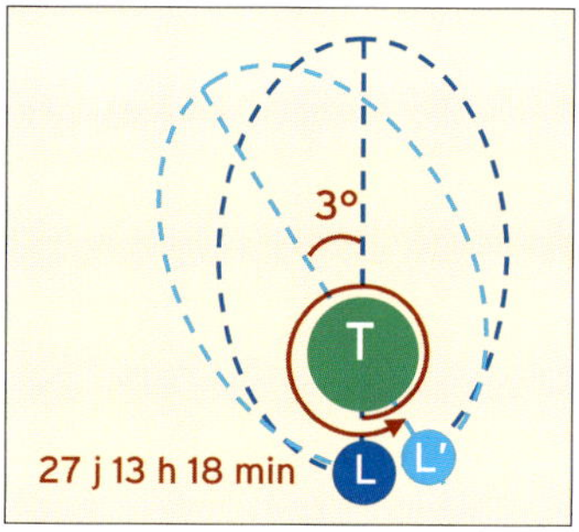


*Révolution anomalistique de la Lune.*

Ce mouvement est appelé **révolution du périgée lunaire.**

Autrement dit, deux passages successifs de la Lune au périgée sont séparés de 27 j 13 h 18 min 33 s. C'est ce qu'on appelle la **révolution anomalistique de la Lune.** A chaque lunaison, la Lune se déplace donc dans le sens direct, d'environ 3°, ce qui est peu.

Mais, au bout de un an (un peu plus de douze lunaisons), le déplacement du grand axe de l'ellipse atteint environ 40°, ce qui n'est plus négligeable.

Il faut donc à la Lune 1 an et 38,75 jours (soit environ 404 jours) pour qu'elle retrouve son alignement initial.

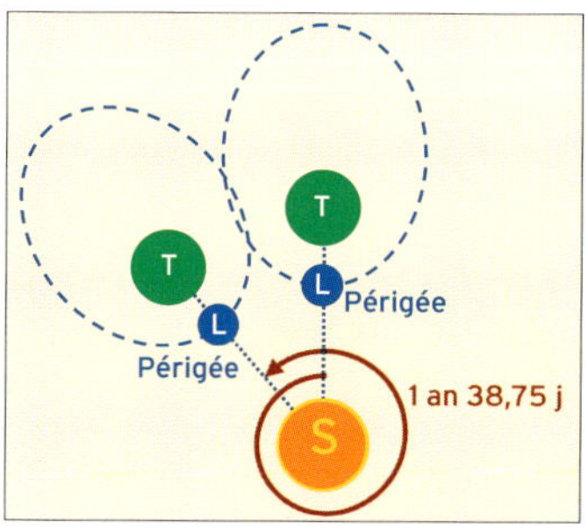


*Déplacement annuel du périgée de la Lune.*

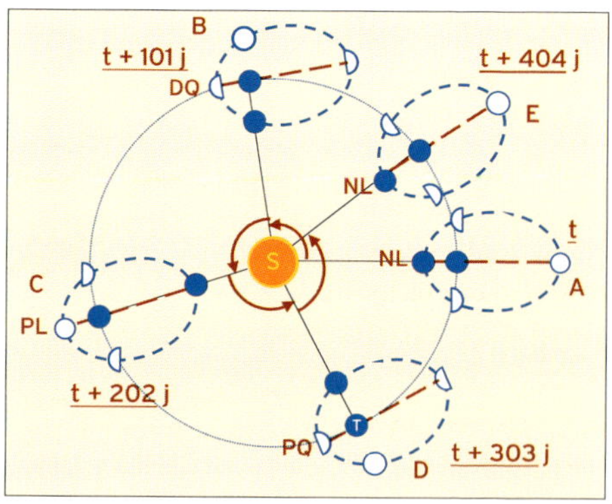


*À droite : Passage du périgée de la Lune aux différentes phases de Lune au cours d'une année (en tenant compte du mouvement du périgée).*

De ce fait, les marées ne sont pas reproductibles d'une année sur l'autre.

On retrouve donc la périodicité d'un peu plus de treize mois mise en évidence précédemment.

> On peut d'ailleurs, mathématiquement, de manière simple, mettre en évidence ce renforcement des marées par la méthode des ondes. En reprenant la courbe théorique résultante de l'onde lunaire et de l'onde solaire (page 55) et en y ajoutant une onde traduisant les variations de la distance Terre-Lune, on retrouve, quinzaine après quinzaine, des hauteurs de marée variables comme constatées dans la réalité.

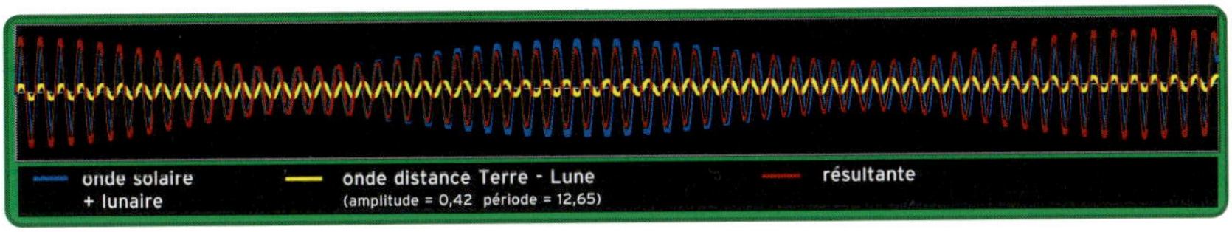


*Résultante (onde lunaire + onde solaire) + onde de distance = des vives eaux successives inégales (simulation informatique).*

# Les conséquences sur les marées

## Des marées d'équinoxe exceptionnelles ou... ratées

Vue à une autre échelle, la dérive annuelle de 38,75 jours du périgée a pour autre conséquence d'amoindrir ou de renforcer les marées d'équinoxe.

Regardons les coefficients des vives eaux d'équinoxe sur plusieurs années.

La corrélation distance Terre - Lune et coefficients est évidente.

Les marées de vives eaux d'équinoxe sont d'autant plus fortes que le périgée de la Lune est voisin, en équinoxe d'une nouvelle ou d'une pleine lune, ce qui est le cas tous les quatre ans environ, où les coefficients sont systématiquement supérieurs à

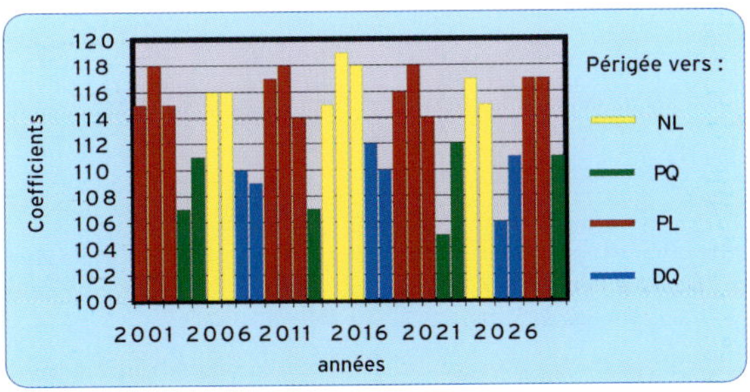


*Coefficients de marées de vive eau d'équinoxe de printemps de 2001 à 2030, et corrélations avec les périgées de la Lune. (Référence Brest, d'après les données du logiciel du SHOM)*

116 (2002, 2006-2007, 2010-2011, 2015-2016, 2019-2020, 2024, 2028-2029), avec parfois deux années consécutives lorsque les paramètres sont particulièrement à leur optimum ou un peu intermédiaires. En alternance, lorsque le périgée de la Lune est en quadrature lors des équinoxes, les marées de vives eaux ont des coefficients amoindris systématiquement inférieurs à 110 (2004, 2009, 2013, 2018, 2022, 2026). Il y a ainsi pour les marées d'équinoxe, comme pour les vins, des bons crus…

## Fréquence des coefficients de marée extrêmes

On peut dresser un histogramme de fréquence en retenant le coefficient maximal de chaque vive eau et le coefficient minimal de chaque morte eau sur un siècle (cela représente 4 947 coefficients).

Les mortes eaux extrêmes du XXIe siècle ont des coefficients variant entre 22 et 62, avec une modale à 37 et une moyenne à 41,38.

Les vives eaux extrêmes du XXIe siècle ont des coefficients variant entre 70 et 120, avec une modale à 88 et une moyenne à 95,39.

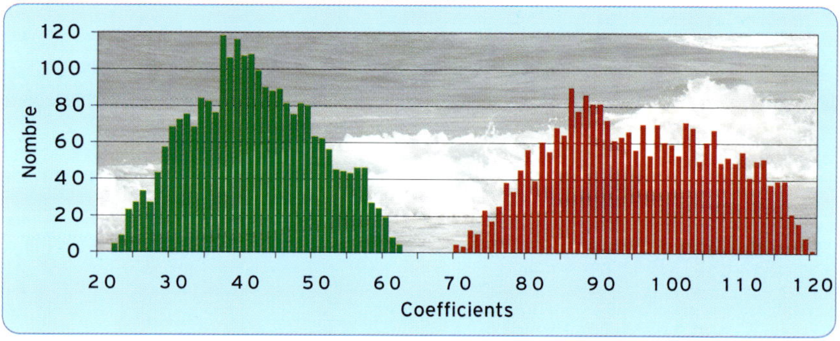


*Fréquence des coefficients extrêmes de marée de vive eau et de morte eau au XXIe siècle (Référence Brest d'après les données du logiciel du SHOM).*

## Les marées d'équinoxe d'automne

Logiquement, les marées d'équinoxe de printemps devraient être toujours plus fortes que celles d'automne (le 21 mars, le Soleil est plus proche de la Terre que le 23 septembre, donc l'action du Soleil est renforcée). Or, en moyenne, une année sur quatre, on observe l'inverse, lorsque le périgée est plus favorable en automne qu'au printemps…

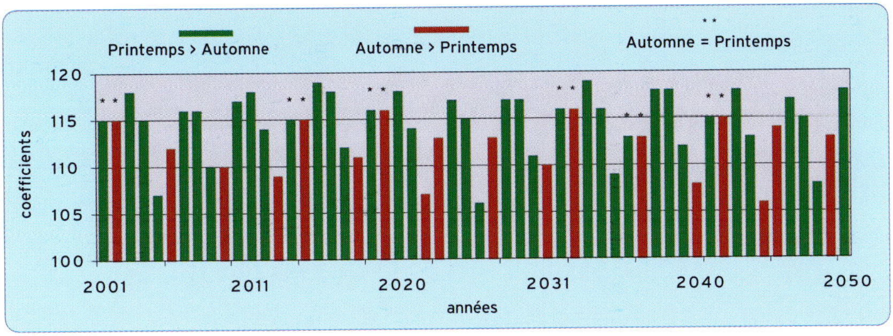


*Marées d'équinoxe les plus fortes annuellement de 2001 à 2050.*
*(Référence Brest d'après les données du logiciel du SHOM).*

# Des marées d'équinoxe… loin des équinoxes

La position du périgée aux équinoxes explique aussi le décalage que l'on peut avoir pour les dates des marées d'équinoxe. Il est des années où les marées d'équinoxe ont lieu loin des équinoxes.

Exemple :
7 août 2066 (coefficient 107)
19 novembre 2070 (coefficient 107)
2 mai 2075 (coefficient 107)
7 février 2084 (coefficient 107)

# Un cinquième rythme : des marées inégales du matin au soir ou… du soir au matin

*Le Crotoy (80), petit matin d'hiver à marée basse.*

# L'observation

On est parfois surpris qu'avec un même coefficient de marée les hauteurs d'eau atteintes puissent varier. Par exemple, à Roscoff :

18 mars 2014 PM = 8,78 m à 18 h 21 TU (coefficient 96)
19 mars 2014 PM = 8,85 m à 6 h 34 TU (coefficient 96) différence = 7 cm
11 décembre 2007 PM = 8,28 m à 5 h 41 TU (coefficient 75)
11 décembre 2007 PM = 8,03 m à 18 h TU (coefficient 75) différence = 25 cm

Ces différences, certes mineures, mais quasi systématiques, sont révélatrices d'un cinquième rythme.

# L'explication = la déclinaison de la Lune

La Lune tourne autour de la Terre selon une orbite qui n'est pas dans le plan de l'écliptique (plan dans lequel la Terre tourne autour du Soleil), mais dans un plan incliné d'en moyenne 5° 8'48" (en fait variant entre 5° 0'1" et 5° 17'35" en un balancement d'une période de 173 jours). L'orbite de la Lune recoupe l'écliptique en deux points appelés **nœuds** (nœud ascendant lorsque la déclinaison devient positive, nœud descendant lorsque la déclinaison devient négative).

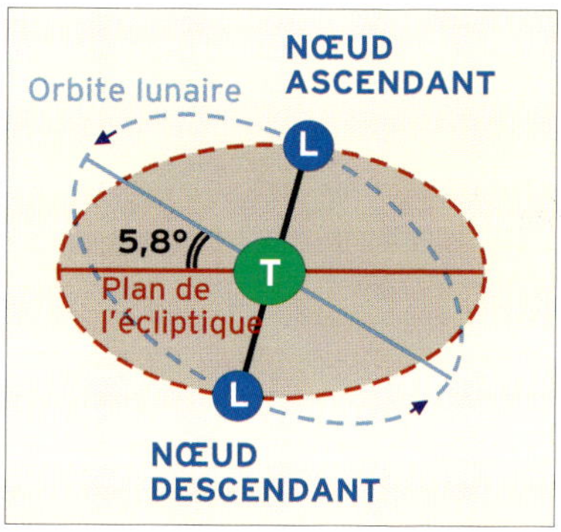


*Définition des nœuds lunaires.*

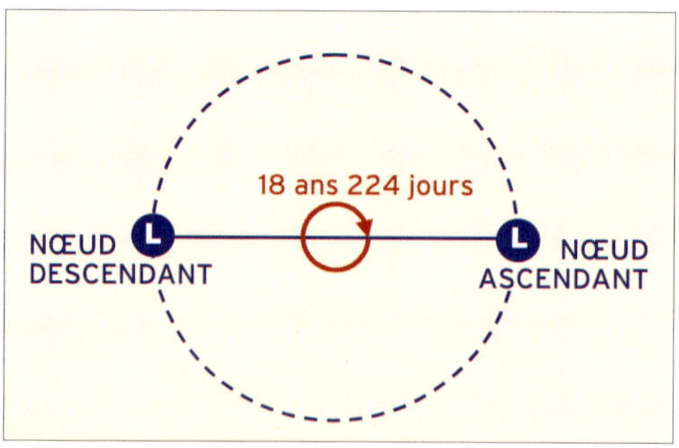


*Mouvement de la ligne des nœuds.*

L'intersection des plans de l'écliptique et de l'orbite lunaire appelée ligne des nœuds est animée d'un lent mouvement dans le sens rétrograde (sens des aiguilles d'une montre) lui faisant faire un tour complet en 18 ans 224 jours (18,61336 ans).

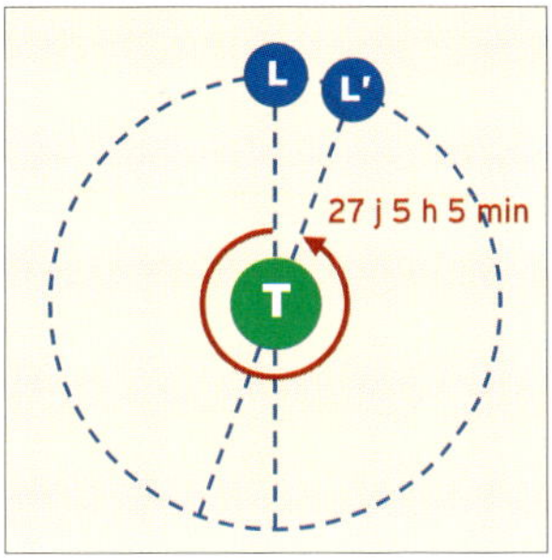


De ce fait, il ne faut à la Lune que 27 j 5 h 5 min 36 s entre deux passages successifs au même nœud (**révolution draconistique**).

Concrètement, cela signifie que la Lune, au cours d'une lunaison est plus ou moins haute sur l'écliptique..

*Ci-dessus : Révolution draconistique de la Lune.*

*À droite : Variations des déclinaisons de la Lune en septembre 2004.*

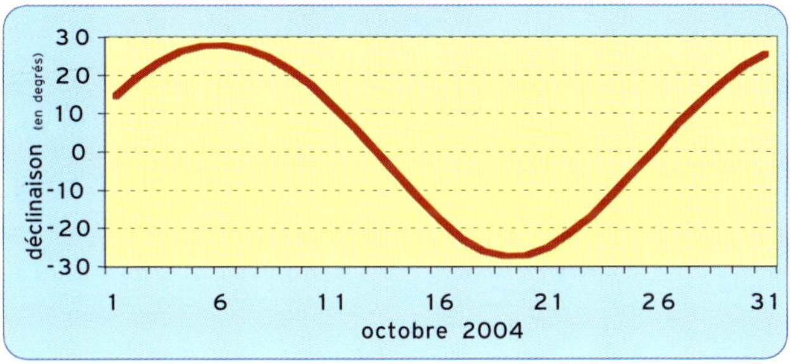


A cause de ce mouvement, au cours d'une lunaison, la déclinaison maximale varie entre des bornes comprises allant

de :

+ 23° 26'- 5° 17'= + 18° 09'

- 23° 26'+ 5° 17'= - 18° 09' minimum

à :

+ 23° 26'+ 5° 17'= + 28° 43'

- 23° 26'- 5° 17'= - 28° 43'maximum

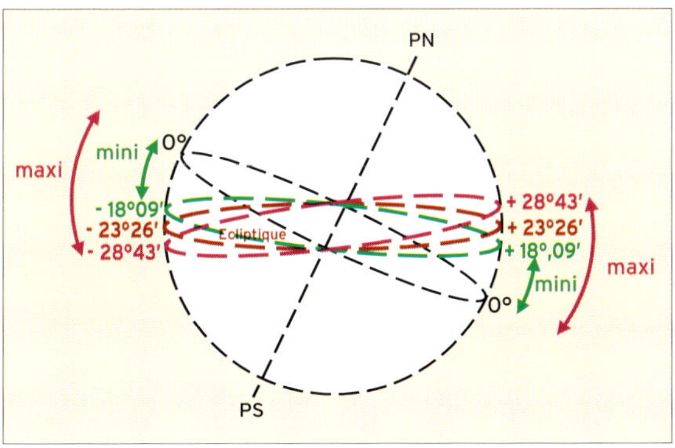


*Variations théoriques des bornes de déclinaison de la Lune sur 18 ans 224 jours.*

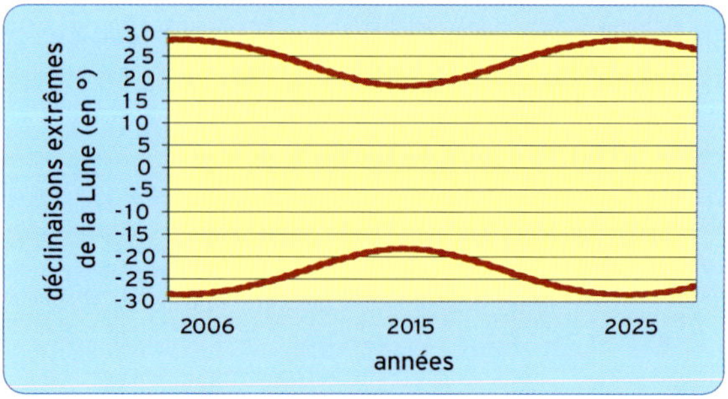


*Variations des bornes de déclinaison de la Lune entre 2006 et 2027.*

Cette fourchette de variations de la déclinaison montre une période de 18 ans 224 jours (égale au mouvement de la ligne des nœuds). Ainsi, on aura des années où la déclinaison évolue entre des bornes relativement étroites (par exemple en 2015 et 2016), mais un peu plus de neuf ans avant ou après, ces bornes sont à leur maximum (en 2006 et 2025).

# Les conséquences sur les marées

## L'inégalité diurne

### La théorie

Lorsque la déclinaison est nulle, la force génératrice des marées est pour un point quelconque de la Terre, identique au passage de l'astre au méridien (A) et à son opposé (B) 12 heures plus tard. Il y a donc une symétrie théorique entre deux marées consécutives.

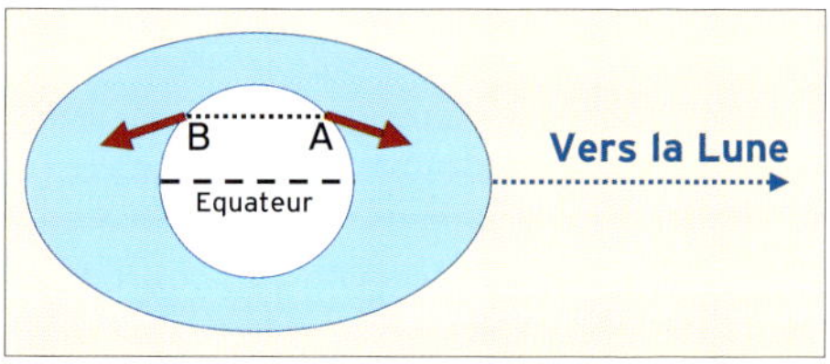


*Force génératrice des marées dans le cas d'une déclinaison nulle à la latitude de la France.*

Lorsque la déclinaison n'est pas nulle, la force génératrice des marées est plus forte lors du passage de l'astre au méridien (A) qu'à son opposé (B) 12 heures plus tard. Ceci crée une inégalité dans l'amplitude des marées, dite **inégalité diurne**.

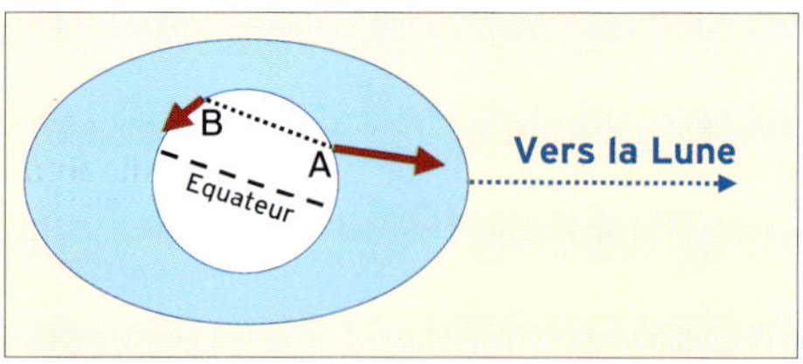


*Force génératrice des marées dans le cas d'une déclinaison positive à la latitude de la France.*

Déclinaison positive :
Force A > Force B
Marées en A > Marées en B

Déclinaison négative :
Force A < Force B
Marées en A < Marées en B

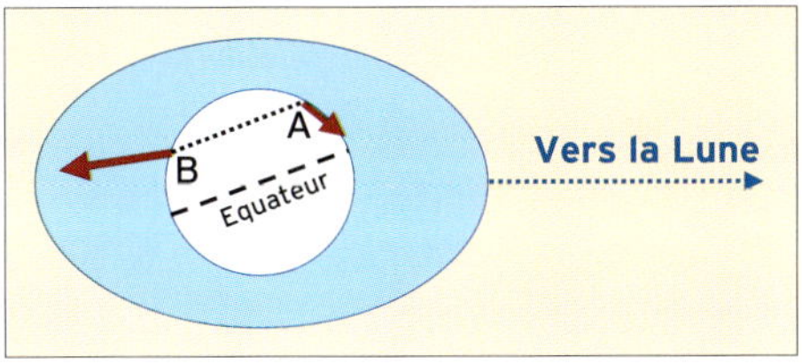


*Force génératrice des marées dans le cas d'une déclinaison négative à la latitude de la France.*

Ces variations de hauteur des astres, que chacun peut constater, ont aussi des conséquences pour les forces de marée que nous pouvons quantifier.

Prenons l'exemple de Roscoff. Nous allons raisonner sur les pleines mers de vive eau.

## Solstice d'été

> Déclinaison du Soleil = + 23° 26′
> Déclinaison de la Lune en nouvelle lune comprise entre + 18° 9′ et + 28° 43′ (selon les années)
> Déclinaison de la Lune en Pleine Lune comprise entre - 18° 9′ et - 28° 43′ (selon les années)

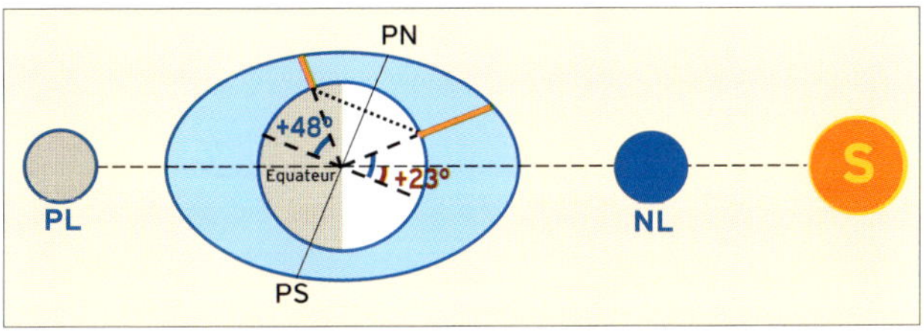


*Dissymétrie entre les pleines mers de vive eau du soir et celles du matin, pour la France au solstice d'été.*

Rappelons que la force de marée est d'autant plus forte que la déclinaison de l'astre est faible.

A midi, pour n'importe quelle syzygie (nouvelle ou pleine lune, le résultat est le même), les côtes françaises (dont Roscoff) sont proches du plan joignant les astres donc du bourrelet des pleines mers :

> angle Roscoff - centre de la Terre - plan de l'écliptique = 48° 43′- 23° 26′= 25° 17′
> angle Roscoff - centre de la Terre - plan de l'orbite lunaire compris entre 48° 43′- 18° 9′= 30° 34′et 48° 43′- 28° 43′= 20°

En revanche, à minuit, pour n'importe quelle syzygie, Roscoff est plus loin du bourrelet des pleines mers :

> angle Roscoff - centre de la Terre - plan de l'écliptique = 48° 43′+ 23° 26′= 72° 09′
> angle Roscoff - centre de la Terre - plan de l'orbite lunaire compris entre 48° 43′+ 18° 9′= 66° 52′et 48° 43′+ 28° 43′= 77° 26′

*Roscoff (29) : le port pleine mer et basse mer.*
(Ph. G. Dupuy)

Cela signifie que l'action de la Lune et du Soleil se trouve légèrement renforcée à midi par rapport à minuit.

Comme il y a un décalage d'environ 4 h 50 min entre le passage de l'astre et la marée (voir page 106), à coefficient de marée égal, **les pleines mers de vive eau sont plus fortes le soir que le matin** (et ce d'autant plus que la Lune s'éloigne du plan de l'écliptique).

Par exemple, à Roscoff :

13 juin 2006 : coefficient 84 - PM = 8,51 m à 18 h 13 TU

14 juin 2006 : coefficient 84 - PM = 8,25 m à 6 h 40 TU

soit + 26 cm au profit de la marée du soir !

## Solstice d'hiver

Déclinaison du Soleil = - 23° 26′
Déclinaison de la Lune en nouvelle lune comprise entre - 18° 9′ et - 28° 43′ (selon les années)
Déclinaison de la Lune en pleine lune comprise entre + 18° 9′ et + 28° 43′ (selon les années)

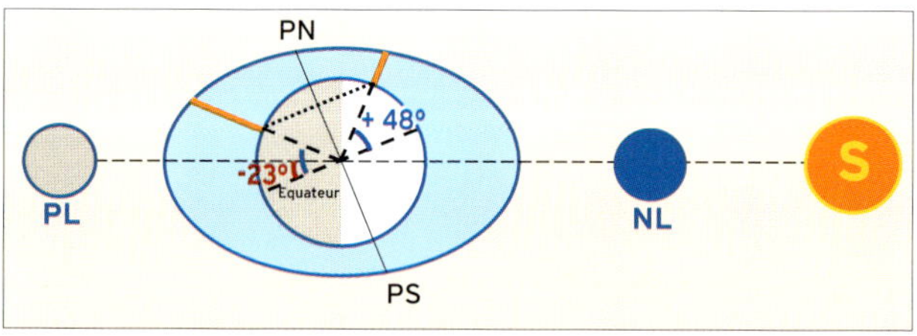


*Dissymétrie entre les pleines mers de vive eau du soir et celles du matin, pour la France au solstice d'hiver.*

A midi, pour n'importe quelle syzygie (nouvelle ou pleine lune, le résultat est le même), les côtes françaises (dont Roscoff) sont éloignées du plan joignant les astres donc du bourrelet des pleines mers :

angle Roscoff - centre de la Terre - plan de l'écliptique = 48° 43′+ 23° 26′= 72° 09′
angle Roscoff - centre de la Terre - plan de l'orbite lunaire compris entre 48° 43′+ 18° 9′= 66° 52′et 48° 43′+ 28° 43′= 77° 26′

En revanche, à minuit, pour n'importe quelle syzygie, Roscoff est plus proche du bourrelet des pleines mers :

> angle Roscoff - centre de la Terre - plan de l'écliptique = 48° 43'- 23° 26'= 25° 17'
> angle Roscoff - centre de la Terre - plan de l'orbite lunaire compris entre 48° 43'- 18° 9'= 30° 34' et 48° 43'- 28° 43'= 20°

Cela signifie que l'action de la Lune et du Soleil se trouve légèrement renforcée à minuit par rapport à midi.

Comme il y a un décalage d'environ 4 h 50 min entre le passage de l'astre et la marée (voir page 106), à coefficient de marée égal, **les pleines mers de vive eau sont plus fortes le matin que le soir** (et ce d'autant plus que la Lune s'éloigne de l'écliptique).

Par exemple, à Roscoff :

11 décembre 2007 : coefficient 75 - PM = 8,28 m à 5 h 41 TU

11 décembre 2007 : coefficient 75 - PM = 8,03 m à 18 h TU

soit 25 cm au profit de la marée du matin !

## Equinoxes de printemps ou d'automne

> Déclinaison du Soleil = 0°
> Déclinaison de la Lune en nouvelle lune ou pleine lune comprise entre - 5° 17' et + 5° 17'(selon les années).

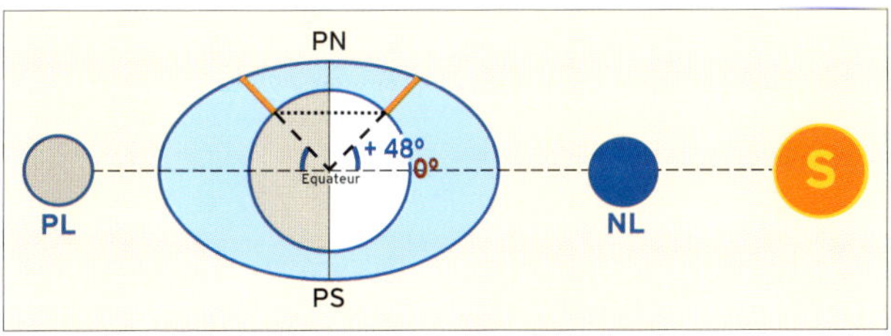


*Symétrie entre les pleines mers de vive eau du soir et celles du matin, pour la France aux équinoxes.*

A midi ou à minuit, pour n'importe quelle syzygie (nouvelle ou pleine lune, le résultat est le même), les côtes françaises (dont Roscoff) sont toujours à la même distance angulaire du Soleil :

> angle Roscoff - centre de la Terre - plan de l'écliptique
> = 48° 43'- 0'= 48° 43'

A midi ou à minuit, les côtes françaises sont à des distances angulaires de la Lune, moyennes et aux bornes resserrées.

> angle Roscoff - centre de la Terre - plan de l'orbite lunaire compris entre 48° 43'- 5° 17'= 43° 26'et 48° 43'+ 5° 17'= 54°

De ce fait, l'inégalité diurne est très nettement affaiblie.

Par exemple, à Roscoff :
18 mars 2014 : coefficient 96 - PM = 8,78 m à 18 h 21 TU
19 mars 2014 : coefficient 96 - PM = 8,85 m à 6 h 34 TU
soit 7 cm d'écart seulement !

Un raisonnement similaire nous montrerait que l'inégalité diurne existe aussi pour les mortes eaux, plus importante aux équinoxes, plus faible en solstices.

Pour les côtes françaises, le coefficient de marée est calculé en ne faisant intervenir que les ondes semi-diurnes. Or les hauteurs d'eau indiquées dans les annuaires tiennent compte de toutes les ondes, et notamment des ondes diurnes (liées aux déclinaisons telles que vues précédemment).

Ceci explique (entre autres) que des coefficients de marée plus forts peuvent se traduire par une moindre montée de la mer :

Par exemple, à Roscoff :
13 août 2014 : coefficient 113 - PM = 9,25 m à 6 h 48
23 janvier 2015 : coefficient 110 - PM = 9,47 m à 6 h 58
(la mer monte plus haut avec un coefficient plus faible !)

Ceci explique aussi qu'à coefficient de marée identique, les niveaux de marée peuvent varier.

Prenons quelques « marées du siècle » de coefficient 119 à Roscoff :
9,74 m le 3 mars 2033 à 6 h 27 TU
9,71 m le 5 mars 2068 à 5 h 58 TU
9,68 m le 17 mars 2090 à 5 h 59 TU
9,65 m le 5 avril 2091 à 5 h 54 TU
soit 9 cm d'écart maximal.

Tout ceci est cependant très théorique ; le calcul nous montre que cette dissymétrie devrait être plus importante que les quelques décimètres constatés : la théorie de Newton prévoyait, à la latitude de la France, un rapport de 2 à 1 entre l'inégalité semi-diurne (liée aux phases de la Lune) et l'inégalité diurne (liée aux variations de la déclinaison de la Lune et du Soleil). Ce rapport dans la théorie de Laplace est ramené à 22 contre 1, d'où une inégalité diurne relativement faible.

## Un rythme de dix-huit ans

Cette inégalité diurne représente un phénomène mineur pour les marées. Et pourtant les variations de déclinaison de la Lune ont des conséquences importantes notamment pour les vives eaux et les mortes eaux minimales dont on peut faire des événements médiatiques : les forces de marée dues à la Lune sont d'autant plus fortes que la déclinaison de la Lune est faible, et inversement.

Pour les vives eaux exceptionnelles, ces variations n'ont pas de conséquences, parce que, par définition, elles se produisent avec une déclinaison de la Lune proche de 0. Par contre, ce facteur est important pour les mortes eaux exceptionnelles : une morte eau est exceptionnelle lorsque l'action de la Lune est minimisée et l'action du Soleil maximisée. Pour ce qui est du Soleil, ces paramètres se retrouvent tous les ans aux équinoxes. Pour ce qui est de la Lune, tous les dix-huit ans environ, on a une bonne concordance entre quadrature, périgée en quadrature, et forte déclinaison.

Si l'on observe les données sur un siècle, on retrouve bien ce rythme d'un peu plus de dix-huit ans :

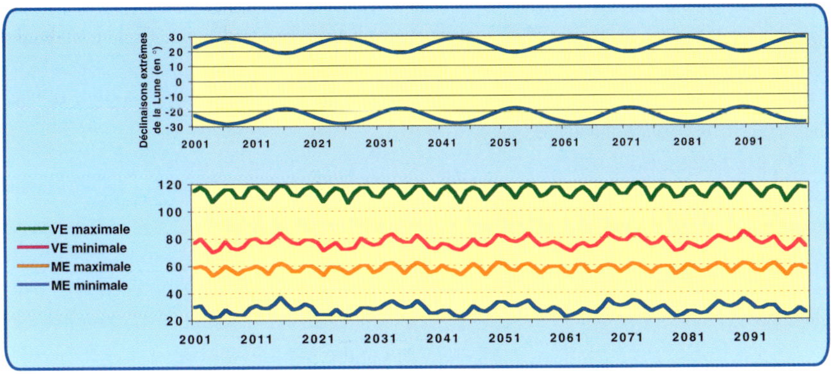


*Coefficients de marée de vive eau et de morte eau minimales et maximales chaque année au XXIe siècle et corrélations avec la déclinaison de la Lune. (référence Brest d'après les données du logiciel du SHOM).*

Pour les mortes eaux minimales d'équinoxe :
équinoxe = action du Soleil renforcée
apogée de la Lune en quartier = action de la Lune diminuée
forte déclinaison de la Lune = action de la Lune diminuée
Le différentiel Lune - Soleil est diminué = très faibles marées de morte eau.

Au XXIe siècle (comme au XXe siècle d'ailleurs), les coefficients de mortes eaux minimales n'atteignent pas 20, ni même 21.
Prenons l'exemple du 7 octobre 2004, qui correspond à l'un des coefficients 22 du XXIe siècle à Brest) :
Dernier quartier le 6 octobre à 10 h 12 TU
Lune en apogée (404 326 km) le 5 octobre à 22 h TU
Déclinaison de la Lune maximale le 5 octobre à 17 h 43 TU = 28° 1'10''
Déclinaison du Soleil = -5° 18' le 6 à 10 h 12 TU
Distance Terre - Soleil = 149 591 100 km
Pour avoir une marée record 20, il aurait fallu que le dernier quartier ait lieu le jour de l'équinoxe (22 septembre) et que l'on ait coïncidence exacte entre dernier quartier, apogée de la Lune et déclinaison maximale de la Lune, et qu'en plus la déclinaison de la Lune soit à son maximum (28° 43' au lieu de 28° 1') !

Pour les vives eaux minimales de solstice :
solstice = action du Soleil diminuée
périgée de la Lune en quartier = action de la Lune diminuée
forte déclinaison de la Lune = action de la Lune diminuée
L'addition de forces faibles donne de très faibles marées de vive eau.

## Le XXIe siècle en quelques marées extrêmes

(coefficients donnés pour Brest d'après les données du logiciel du SHOM)

**Des plus fortes......**

**Coefficient 120 :** 25 mars 2073

**Coefficient 119 :** 21 mars 2015
3 mars 2033
14 mars 2051
14 et 15 mars 2055
5 mars 2068
16 mars 2086
19 mars 2090
5 avril 2091

**... aux plus faibles**

**Coefficient 22 :** 7 octobre 2004
30 septembre 2044
23 septembre 2061
4 octobre 2079

**Coefficient 23 :** 19 mars 2005
12 mars 2026
20 septembre 2026
13 septembre 2043
23 mars 2044
3 avril 2062
11 octobre 2062
15 mars 2080
14 octobre 2097

**Des vives eaux ratées......**

**Coefficient 70 :** 18 et 19 juin 2004
22 et 23 juin 2062
14, 15 et 16 juin 2079
25 et 26 juin 2097

**... aux mortes eaux loupées**

**Coefficient 62 :** 10 et 11 juin 2015
21 juin 2033
21 et 22 juin 2037
13 et 14 juin 2050

# Les marées au fil des saisons

Après avoir disséqué les marées, paramètres par paramètres, on a mis en évidence des caractères saisonniers qui transparaissent lorsque l'on exploite statistiquement les coefficients de marée.

## Toutes les marées du XXIe siècle

Ainsi, en prenant tous les coefficients de marée du XXIe siècle (il y en a 36 524 !), on constate une très nette opposition entre :

### Les marées de mars et septembre (au voisinage des équinoxes) :

- « dilution » des coefficients (tous, de 23 à 120 sont représentés en mars, de 22 à 117 en septembre)
- histogramme très aplati
- vives eaux les plus fréquentes : de 87 à 90 en mars, de 84 à 86 en septembre
- mortes eaux les plus fréquentes : assez peu différenciées autour de 44 – 49.

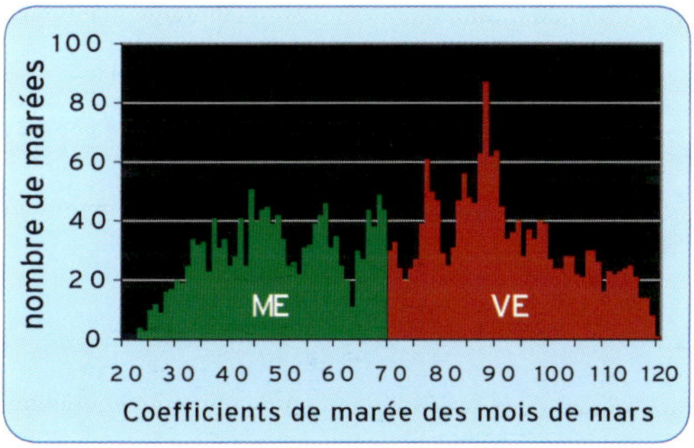


*Fréquence des coefficients de marée aux mois de mars et septembre au XXIe siècle (référence Brest d'après les données du logiciel du SHOM).*

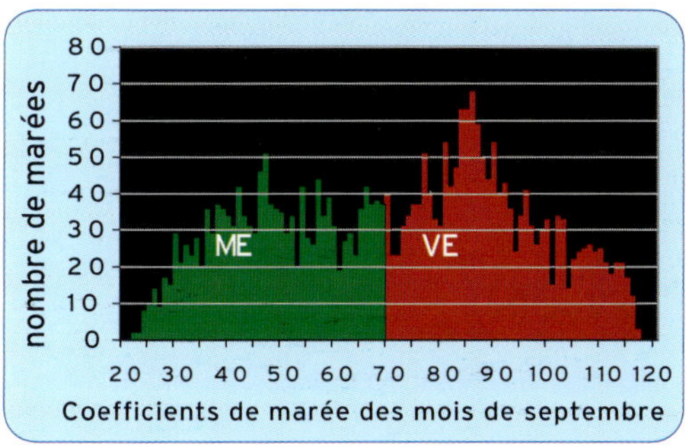

## Les marées de juin et décembre (au voisinage des solstices) :

- « concentration » des coefficients : tous compris entre 38 et 107 en mars, 34 et 108 en décembre
- histogramme très marqué
- faible différenciation entre les fréquences des vives eaux et des mortes eaux
- différence entre juin (vives eaux les plus fréquentes autour de 70 - 75, mortes eaux les plus fréquentes autour de 60 – 61) et décembre (vives eaux les plus fréquentes autour de 72 – 79, mortes eaux les plus fréquentes autour de 55 - 61). Ce resserrement des valeurs moyennes en juin est lié au plus grand éloignement du Soleil (les vives eaux sont plus faibles, les mortes eaux sont plus fortes).

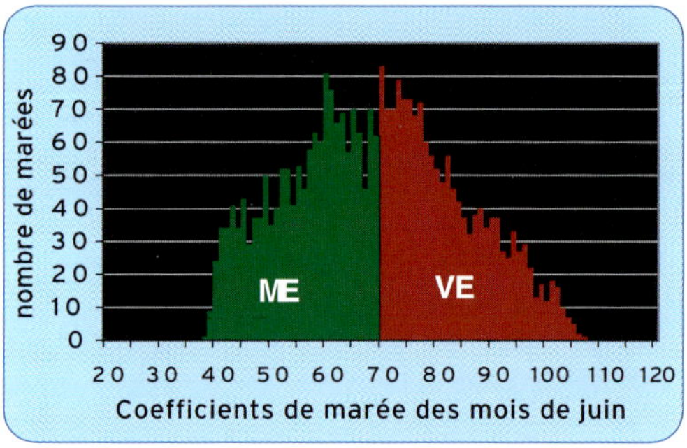


*Fréquence des coefficients de marée aux mois de juin et décembre au XXIe siècle (référence Brest d'après les données du logiciel du SHOM).*

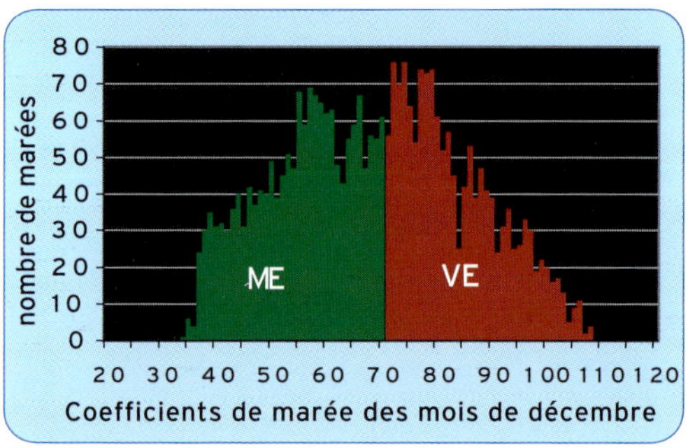


## Les marées classées par coefficients

On peut d'ailleurs confirmer cela en regardant la fréquence mensuelle de quelques coefficients :

Les coefficients extrêmes (assez rares) correspondent aux situations d'équinoxes ; les coefficients moyens (fréquents) aux situations de solstices.

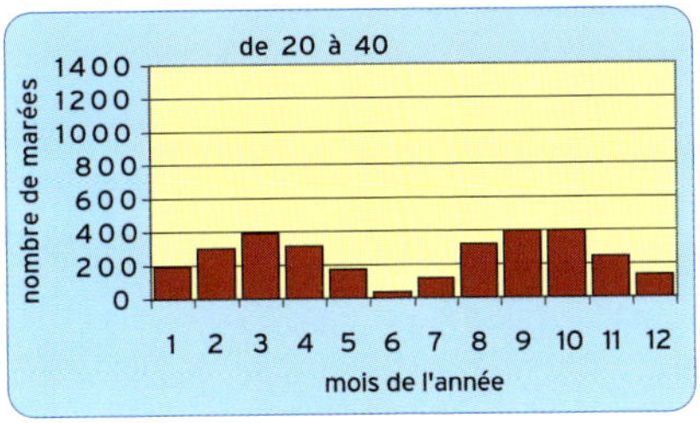


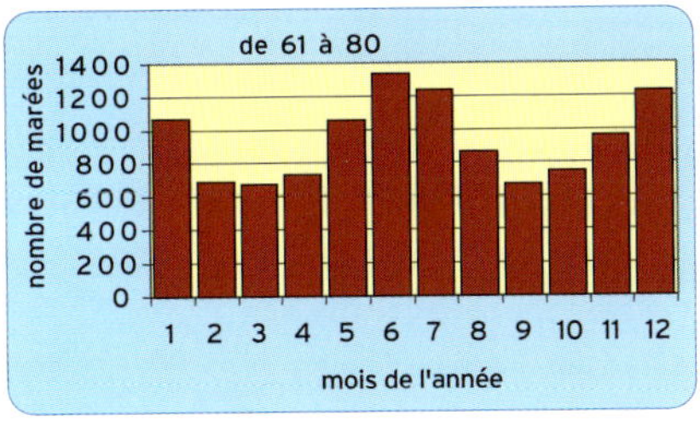


*Fréquence mensuelle des coefficients de marée compris entre 20 et 40, 61 et 80, 101 et 120 au XXIe siècle (référence Brest d'après les données du logiciel du SHOM).*

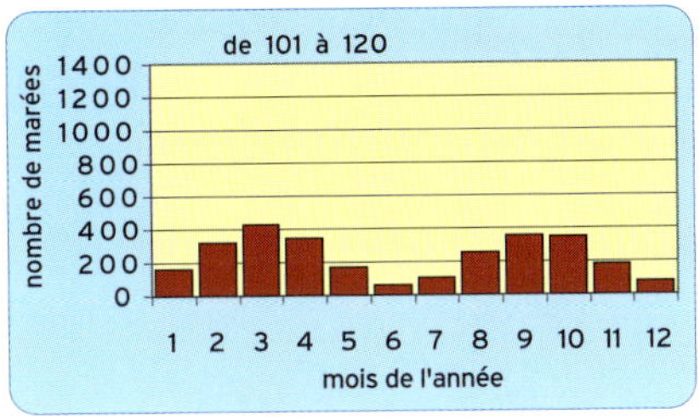


# Toutes les marées de vive eau et de morte eau du XXIe siècle

En ne prenant maintenant que le coefficient maximal de chaque vive eau et le coefficient minimal de chaque morte eau (cela représente 4949 coefficients), on arrive à des conclusions allant dans le sens des précédentes, mais avec des différences saisonnières encore plus marquées :

## Les marées de vive eau et de morte eau de mars

Les mortes eaux sont faibles (de 23 à 50) avec une moyenne de 35,45 et une modale à 28 et 29.

Par contre, les vives eaux sont fortes (de 87 à 120) avec une moyenne de 102,98 et deux modales, l'une à 89, l'autre entre 115 et 118.

L'écart entre vives eaux et mortes eaux est important (il n'y a aucun coefficient entre 51 et 86).

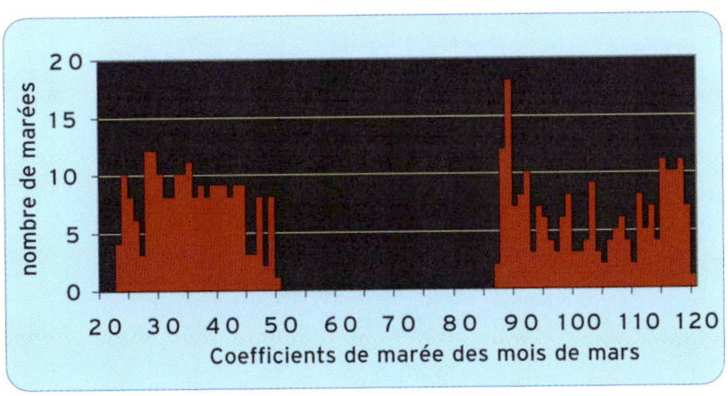


*Fréquence des coefficients de marée de vive eau et de morte eau au mois de mars au XXIe siècle (référence Brest d'après les données du logiciel du SHOM).*

## Les marées de vive eau et de morte eau de juin

Les mortes eaux sont fortes (de 38 à 62) avec une moyenne de 49,56, et deux modales, l'une à 41 et l'autre à 61.

Par contre, les vives eaux sont faibles (de 70 à 107), avec une moyenne à 87,35 et deux modales, l'une à 77 et l'autre à 96.

L'écart entre vives eaux et mortes eaux est faible (aucun coefficient entre seulement 63 et 70).

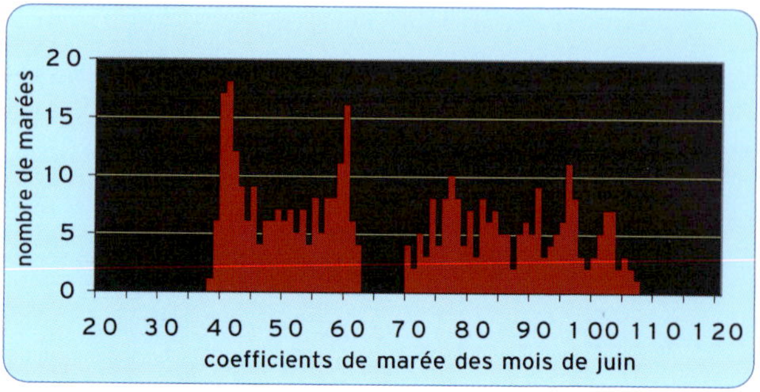


*Fréquence des coefficients de marée de vive eau et de morte eau au mois de juin au XXIe siècle (référence Brest d'après les données du logiciel du SHOM).*

## Les marées de vive eau et de morte eau classées par coefficients

Si l'on regroupe les vives eaux et les mortes eaux par classes de coefficients, on voir ressortir le caractère extrême des marées d'équinoxes (fortes vives eaux et faibles mortes eaux), et le caractère moyen des marées de solstices (faibles vives eaux et fortes mortes eaux).

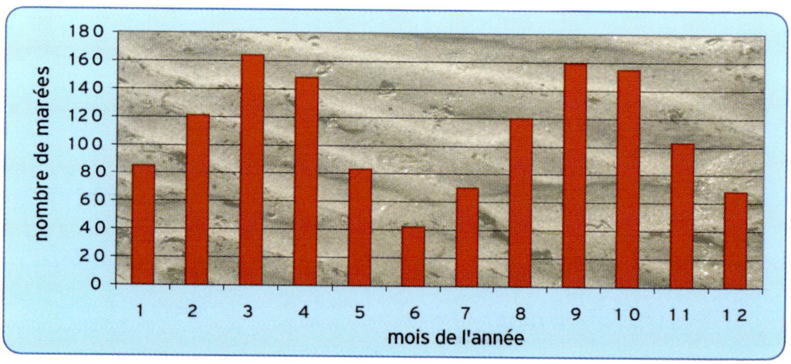


*Fréquence mensuelle des coefficients de marée de morte eau compris entre 20 et 41 au XXIe siècle (référence Brest d'après les données du logiciel du SHOM)*

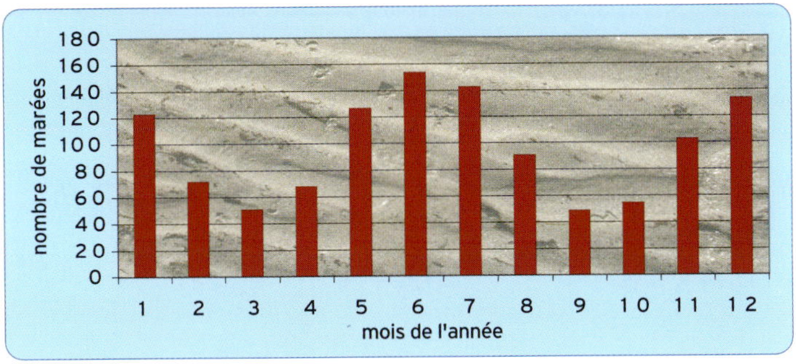


*Fréquence mensuelle des coefficients de marée de morte eau compris entre 42 et 62 au XXI^e^ siècle (référence Brest d'après les données du logiciel du SHOM).*

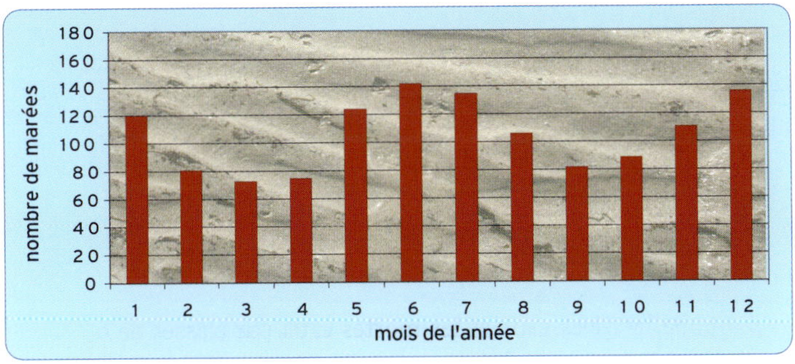


*Fréquence mensuelle des coefficients de marée de vive eau compris entre 70 et 95 au XXI^e^ siècle (référence Brest d'après les données du logiciel du SHOM).*

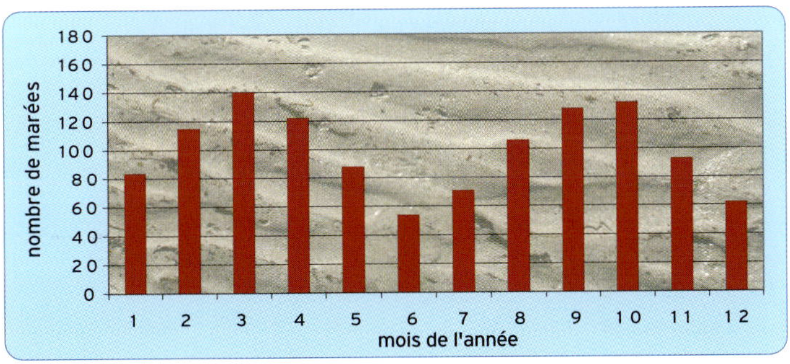


*Fréquence mensuelle des coefficients de marée de vive Eau compris entre 96 et 120 au XXI^e^ siècle (référence Brest d'après les données du logiciel du SHOM).*

# D'autres rythmes imperceptibles et des irrégularités aléatoires

*Guérande (44), marais salants.*

# D'autres rythmes astronomiques

## Les principaux

D'autres paramètres sont sujets à variations, mais sur des durées beaucoup plus longues, non perceptibles à l'échelle humaine. Il s'agit par exemple de :

– **l'obliquité de l'axe de la Terre** : balancement de l'équateur sur l'écliptique d'environ 2° en 41 000 ans ;

– **l'excentricité de l'orbite terrestre autour du Soleil** : du cercle parfait à une ellipse trois fois plus allongée que maintenant en à peu près 100 000 ans ;

– **la ligne des apsides** : analogue à la variation de la ligne des nœuds de la Lune, mais affectant la Terre en une pseudo-période d'environ 110 000 ans ;

– **l'excentricité de l'orbite lunaire autour de la Terre** : variant au fil des millénaires, mais variant aussi systématiquement en étant maximale à chaque fois que le grand axe de l'ellipse lunaire pointe vers le Soleil (donc tous les 202 jours) ;

– **la précession des équinoxes** : faisant décrire à l'axe de la Terre un cône d'environ 47° en 26 000 ans.

Il faudrait y ajouter des perturbations périodiques liées aux planètes. Mais celles-ci sont infinitésimales, comme on a pu le constater (voir page 31).

## Conséquences

Tous ces mouvements, qu'ils soient majeurs (comme ceux étudiés précédemment) ou mineurs (ceux cités ci-dessus), ont leur propre période et n'ont pas de dénominateur commun. Cela signifie que l'on ne va jamais retrouver exactement le même rythme des marées. Contrairement à ce qui est parfois énoncé, les marées ne se reproduisent pas de manière identique au bout d'une période (par exemple, le saros ou période chaldéenne = 6 585 jours permettant de prédire le retour des éclipses) : ce qui est valable pour les éclipses ne l'est pas pour les marées. C'est pourquoi certains puristes affirment que les marées ne sont pas un phénomène périodique. Au sens strict, ils ont raison. Mais dans la réalité, on retrouve qualitativement des périodes, même si quantitativement on n'atteint pas exactement les mêmes valeurs. Pour mettre tout le monde d'accord, disons que les marées représentent un phénomène pluri-périodique…

# Des irrégularités aléatoires

A part les marées (oscillations d'origine astronomique = Soleil + Lune), les mers et océans connaissent d'autres oscillations (d'origines diverses, mais non astronomiques), aléatoires dans leurs amplitudes et leurs périodes, voire sans périodes. Elles sont susceptibles de modifier sensiblement les niveaux prévus de la mer ou l'allure de la courbe de marées. On ne peut que les observer sur le terrain et elles ne sont pas prédictibles à l'avance (tout au plus, peut-on subodorer leur survenance… au moment où elles se produisent). Parmi elles, signalons :

## la houle

*Biarritz (64) : houle atlantique.*

Oscillations régulières en amplitude et en fréquence, d'origine météorologique, qui, en déferlant à la côte, donnent les vagues.

Ces oscillations ont une longueur d'onde courte (de l'ordre de la centaine de mètres), donc une fréquence élevée : elles « soulèvent » les bateaux, donnent le « mal de mer » et magnifient les paysages marins.

La houle est indépendante du vent : on peut avoir de la houle sans vent, générée par des dépressions atlantiques dont la trajectoire a épargné nos côtes.

A noter que l'on a parfois, non pas une houle pure, mais une superposition de plusieurs houles d'amplitude et de fréquences différentes, « hachant la mer » de manière anarchique.

La houle, en cas de faible marnage, peut complètement masquer la lecture du marnage (le « bruit » induit étant plus important que la marée elle-même).

*Biarritz (64), surfeur.*

## la mer du vent

Oscillations irrégulières générées par le vent, mais de faible amplitude (quelques centimètres) et de longueur d'onde (quelques dizaines de centimètres). La plus mineure de ces oscillations est connue des marins sous le nom de « risée ».

## les seiches

Oscillations propres à une configuration géographique particulière : abris derrière des îles proches des côtes, baies resserrées générant réflexions et résonances. Le phénomène est très localisé, et limité aux périodes de tempêtes. Il est connu en France entre l'île de Groix et le continent. Mais il est probable qu'il existe en d'autres endroits.

## les raz de marée

Ondes accidentelles liées à des phénomènes géologiques (effondrements de falaises ou de remblais tels le remblai de l'aéroport de Nice en octobre 1979, éruptions volcaniques, etc.) ou à des phénomènes tectoniques (secousses sismiques).

Les séismes importants peuvent donner naissance à des trains d'ondes traversant les océans à la vitesse de 800 km/h, s'amplifiant au fur et à mesure de leur progression, et notamment en abordant le plateau continental avec le relèvement des fonds. Ils peuvent ainsi générer des vagues de plusieurs mètres d'amplitude (voire plusieurs dizaines de mètres), particulièrement dévastatrices sur les côtes basses. Ce phénomène est redouté au Japon, où on l'appelle « tsunami ».

## les oscillations inexpliquées

Les courbes de marées, supposées lisses et régulières, ne le sont pas toujours. Localement, par exemple à Trébeurden, surtout en vive eau, par beau temps (donc en dehors d'oscillations parasites connues), et en début de flot, la mer peut monter de manière aberrante : montée de l'eau d'une trentaine de centimètres en deux ou trois minutes, puis baissée tout aussi rapide, avant une remontée régulière conforme à la loi des douzièmes. Ceci est difficile à expliquer, mais la configuration du site en fond de baie et à l'abri de nombreux îlots n'est probablement pas étrangère à ce phénomène dont l'explication reste à trouver.

## les oscillations barométriques

Ce sont les plus importantes, car les plus fréquentes, universelles, et aux conséquences parfois catastrophiques. L'amplitude de l'onde peut être forte (plusieurs mètres), mais la longueur d'onde est très grande.

Tous les calculs de marées, faits à l'avance, sont basés sur des conditions météorologiques « moyennes », à savoir pression de 1 013 hectopascals (hPa) et absence de vent. Comme on ne peut pas prévoir précisément les conditions météorologiques, tous les calculs de marées sont donc théoriques. Et pourtant les oscillations engendrées par des conditions météorologiques extrêmes ont des conséquences tout à fait notables. Deux paramètres météorologiques se révèlent majeurs :

## la pression atmosphérique

Des **hautes pressions** (période anticyclonique) se traduisent par une pression de l'air plus forte (> 1013 hPa, allant couramment au-delà de 1040 hPa), donc l'air tasse l'eau. On admet généralement (mais cette règle est tout à fait empirique) que **pour 1 hPa en plus, il y ait 1 cm en moins.**

Exemple : pression = 1040 hPa

Augmentation de pression : 1013 hPa - 1040 hPa = 27 hPa

alors la mer montera de 27 cm en moins et baissera de 27 cm en plus.

Le marnage reste celui calculé (à condition qu'il n'y ait pas de variations de pression entre temps), mais l'ensemble est tiré vers le bas.

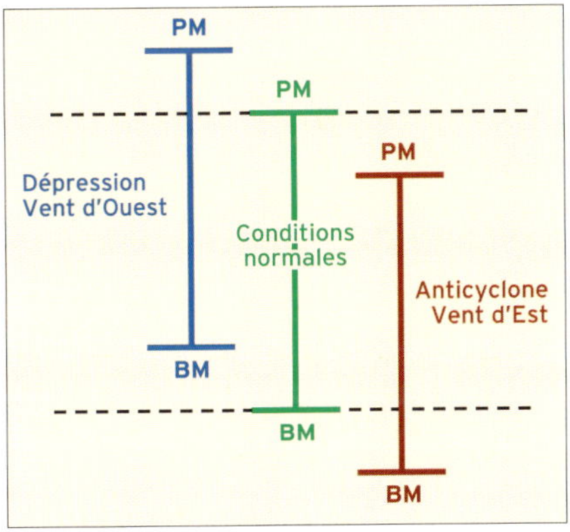


*Sens des corrections du niveau des pleines mers et basses mers en fonction du vent et de la pression.*

Des **basses pressions** (période dépressionnaire) se traduisent par une pression de l'air plus faible (< 1013 hPa allant dans les cas extrêmes jusqu'à 940 hPa), donc l'air appuie moins sur l'eau. La règle empirique admet que **pour 1 hPa en moins, il y ait 1 cm en plus.**

Exemple : pression = 982 hPa

Diminution de pression : 1 013 hPa – 982 hPa = 31 hPa

alors la mer montera de 31 cm en plus et baissera de 31 cm en moins.

Le marnage reste celui calculé (à condition qu'il n'y ait pas de variations de pression entre temps), mais l'ensemble est tiré maintenant vers le haut.

## le vent

Sur les côtes atlantiques françaises, globalement tournées vers l'Ouest,

**un vent d'Est, soufflant de terre, s'oppose à la montée de l'eau :**
la mer monte moins haut et descend plus bas.

un vent d'Ouest, soufflant de la mer, provoque un afflux d'eau :
la mer monte plus haut et descend moins bas.

Mais le vent n'est pas indépendant des pressions : le vent et la pression se combinent, et dans le même sens (ce qui est un facteur aggravant).

## Conséquences

**Des basses mers exceptionnelles :**

Les anticyclones (hautes pressions) sont associés, en Europe occidentale du moins, à des vents d'Est : l'air pesant plus lourd fait baisser le niveau de l'eau, les vents soufflant de terre aussi. Le résultat est surtout visible à marée basse où en vive eau importante : la basse mer peut dégager des espaces qui en temps normal ne le sont jamais, ce qui est intéressant pour les pêcheurs à pied ou les chasseurs d'épaves...

La **décote** peut atteindre quelques dizaines de centimètres.

C'est ainsi qu'avec un banal coefficient 115, la mer peut descendre plus qu'avec un coefficient 119 (de quoi banaliser les marées du siècle !).

Parallèlement, la mer monte moins haut, mais là, ce n'est pas spectaculaire.

C'est ce qui s'est passé lors de la marée du siècle des 9 et 10 mars 1993 (119 à Brest) ou du 30 mars 2002 (118 à Brest).

**Des pleines mers exceptionnelles :**

Beaucoup plus grave, et catastrophique même, est le cas inverse :

Les dépressions sont associées en Europe occidentale à des vents d'Ouest : l'allégement du poids de l'air relève le niveau de l'eau ; le vent pousse l'eau et relève encore le niveau.

Le résultat peut prendre une tournure catastrophique pour les pleines mers.

Ce fut le cas de la nuit du 15 au 16 octobre 1987 : avec une pression record de 946 hPa et des vents de Sud-Ouest soufflant jusqu'à 240 km/h, par coefficient 28, la mer est localement montée en Bretagne et sur l'Ouest Cotentin comme elle l'aurait fait en conditions normales par coefficient 90, soit une **surcote** allant jusqu'à 2,5 m !

Ce fut aussi le cas de la tempête de Noël 1999, qui a surtout affecté les côtes de la Charente et de la Gironde, et où un phénomène similaire s'est traduit par une surcote de 4 m ! Là, ce fut plus dramatique encore, car nous n'étions pas en morte eau comme en 1987, mais en vive eau (coefficient 93 le 26 décembre 1999) : digues arrachées, maisons emportées, bateaux échoués dans des champs, centrale nucléaire (Blaye) les pieds dans l'eau, etc.

De telles tempêtes sont très rares. On les dit centenaires, car statistiquement elles ne se produisent que tous les cent ans. Pourtant la France en a connu deux en douze ans ! Certains prédisent qu'avec le réchauffement climatique elles seront de plus en plus fréquentes. La probabilité d'une conjonction tempête exceptionnelle et marée de vive eau exceptionnelle ira donc en croissant. Les décideurs et aménageurs feraient

*Blaye (33), citadelle et centrale nucléaire les pieds dans l'eau.*

bien d'y réfléchir, car le jour où une tempête exceptionnelle se combinera avec une marée de coefficient 115, les dégâts seront à une tout autre échelle que ce que l'on a connu jusqu'ici…

## Surcotes et décotes en Méditerranée

Les surcotes et décotes liées aux conditions météorologiques non exceptionnelles atteignent fréquemment la cinquantaine de centimètres, soit sur les côtes méditerranéennes françaises, largement plus que le marnage lui-même. D'où l'idée répandue que la marée dépasse le mètre sur les côtes françaises. En réalité, au mieux 40 cm peuvent être imputés aux marées proprement dites. Le reste est dû au vent et à la pression.

# Géographie des marées des côtes françaises

Si la cause des marées est astronomique, la réponse à ces forces est géographique. Bien qu'il n'y ait pas de lois mathématiques pour régir la géographie, on va cependant se rendre compte qu'il y a une certaine logique aux disparités constatées sur le terrain.

*Talmont (17) : église Sainte-Radegonde en bordure de la Gironde.*

# Généralités

## *L'amplitude de la marée : l'unité de hauteur*

La variabilité géographique peut se traduire (du moins pour l'école française ayant adopté le système des coefficients de marée) par **l'unité de hauteur**.

L'unité de hauteur, que nous appellerons U, est définie pour des lieux géographiques bien précis (généralement des ports) comme le rapport du demi-marnage au coefficient de marée.

Ce chiffre a été défini au XIXe siècle en envoyant dans les principaux ports des observateurs chargés de mesurer le marnage quotidien. Connaissant ainsi le marnage (M), et ayant calculé le coefficient de marée (C), on a pu déduire l'unité de hauteur (U) par une formule très simple :

$$\mathbf{U = \frac{M}{2\,C}}$$

Là où il n'y a pas de données, il faut se référer au port le plus proche ou déduire une valeur intermédiaire entre les ports encadrants.

Les unités de hauteur (U) varient plus ou moins le long des côtes françaises ; ces variations ne sont cependant pas aléatoires, mais obéissent à une certaine logique.

D'emblée, la Manche (qui n'est qu'un bras de l'océan Atlantique) se différencie du golfe de Gascogne.

Dans le golfe de Gascogne, les unités de hauteur (U), donc les marées, sont relativement faibles, relativement homogènes (autour de 2,3), avec cependant une légère tendance à l'augmentation dans les baies, et une tendance nette à la décroissance du Nord vers le Sud le long des côtes landaises.

En Manche, les unités de hauteur (U) sont fortes (le point le plus faible de la Manche est plus fort que le point le plus fort du golfe de Gascogne) : elles varient considérablement en peu d'espace (plus du simple au double entre Cherbourg et Granville distants à vol d'oiseau d'une centaine de kilomètres), avec une augmentation importante lorsque le trait de côte dessine un rentrant.

Comment expliquer cela ?

Deux critères différencient géographiquement la Manche et le golfe de Gascogne :

## CALCULER SON MARNAGE

Une formule simple permet de calculer de manière approximative le marnage (M) dès lors que l'on connaît deux variables :
- le coefficient de marée C :
  universel (en théorie le même pour tout le globe, là où les marées ont un caractère semi-diurne)
  mais variant tous les jours (puisque tributaire de paramètres astronomiques variant continuellement et en continu)
- l'Unité de hauteur U :
  fixe pour un port donné
  mais variant géographiquement

$$M = 2UC$$

Ex : Le Tréport : U = 4,57 m
Si C du jour = 102 alors M = 2 x 4,57 x 1,02 = 9,32m

La formule étant une équation du premier degré, la variation est linéaire. Lorsque l'on connaît l'unité de hauteur U d'un port (ou lorsque l'on connaît deux marnages correspondant à des coefficients de marée éloignés), il est aisé de construire la droite de variation du marnage, permettant de trouver instantanément et graphiquement le marnage de ce port en fonction du coefficient de marée :

Ex : le Tréport
Coefficient 90
Marnage = environ 8,2m

Le Tréport (76) : écluse du port.

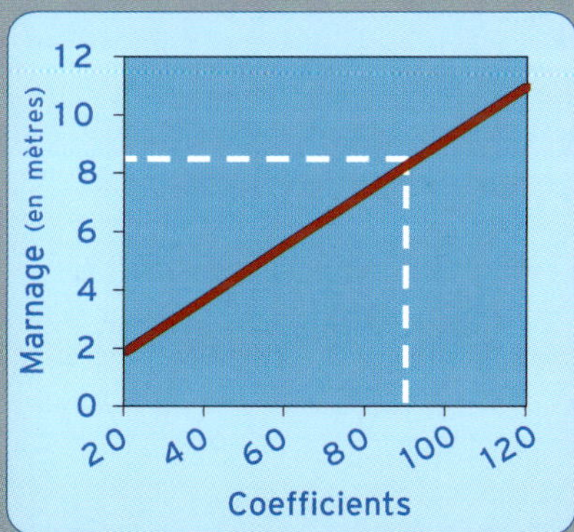


Droite de détermination du marnage au Tréport (76).

– **la bathymétrie** (profondeur de la mer) :

Le golfe de Gascogne possède, surtout au large de l'Espagne, des fosses très profondes (- 5 000 m). De ce fait, le plateau continental (zone sous-marine de moins de 200 m de profondeur) est relativement étroit, et d'autant plus étroit que les fosses sont proches de la côte (vers l'Espagne et les côtes landaises).

*Carte des Unités de hauteur.*

La Manche est installée uniquement sur le plateau continental (moins de 200 m) avec une profondeur moyenne d'une centaine de mètres.

On vient de mettre en évidence une première loi quasi universelle :

**Plus la mer est profonde, moins les marées sont importantes**

(ceci s'explique aisément par le fait que, freinée sur des hauts fonds, l'onde de marée se cambre, donc l'amplitude augmente)

– **l'allure du trait de côte**

Le golfe de Gascogne se présente comme une vaste baie en forme d'arc de cercle, sans pièges particuliers.

La Manche, beaucoup plus longue que large, est dissymétrique ; le trait de côte, côté anglais, est à peu près linéaire. Mais, côté français, le trait de côte est tarabiscoté et présente une succession de goulets d'étranglement : 150 km à la pointe de Bretagne, 90 km à la pointe du Cotentin, 30 km au pas de Calais. Ces goulets sont autant de pièges pour la marée : ainsi, l'eau qui pénètre en Manche sur une section de 150 km de long est piégée par le Cotentin où la section n'est plus que de 90 km de large. Seule une partie de l'eau passe le goulet, l'autre partie s'accumule à l'angle fait par la Bretagne et le Cotentin, à savoir le fond du golfe normand-breton, c'est-à-dire la baie du Mont-Saint-Michel.

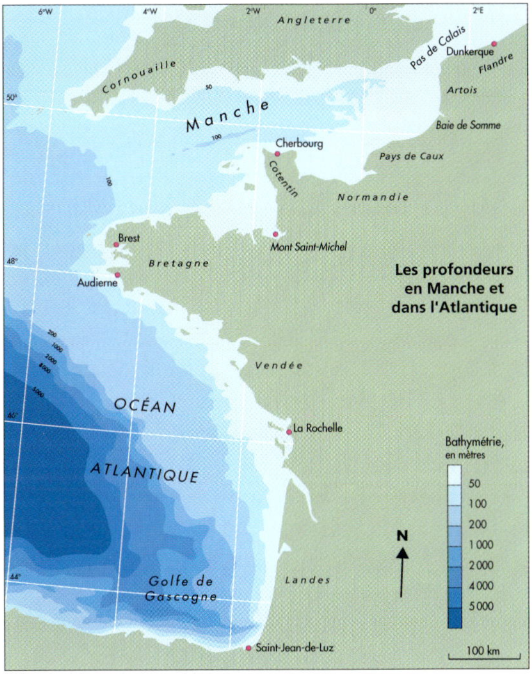


*Carte bathymétrique.*

Même chose au niveau de la baie de Somme (angle entre la Haute-Normandie et le Boulonnais), et dans une moindre mesure en baie de Seine.

**Le cas extrême est celui d'un estuaire où le resserrement de l'espace entraîne une concentration de l'énergie et une augmentation du marnage (donc de l'unité de hauteur) dans la partie la plus maritime. Ensuite, au fur et à mesure que l'on progresse vers l'amont et que la profondeur diminue, les frottements augmentent et l'énergie de l'onde diminue, entraînant une diminution du marnage. C'est ainsi que petit à petit les marées s'amortissent en fond d'estuaire.**

On vient de mettre en évidence une deuxième loi, tout aussi universelle que la première :

**Les marées sont plus fortes dans les rentrants que dans les saillants de côte** (en clair, les marées sont plus fortes dans les baies que sur les pointes).

# L'heure de la marée : l'établissement du port

La théorie de Newton prévoit que l'heure de la pleine mer coïncide avec le passage de la Lune au méridien. On s'aperçoit que, pour les côtes françaises, ceci ne se vérifie pas exactement : il existe en effet un décalage systématique entre l'heure de la pleine mer et le passage de la Lune au méridien. Ce décalage, qui est à peu près constant pour un point donné, est appelé **établissement du port**.

Il est défini pour une conjonction, avec une distance Terre-Lune moyenne, et une déclinaison nulle du Soleil et de la Lune. A cause de la variation de ces paramètres, l'établissement du port connaît aussi quelques variations.

Tout comme l'unité de hauteur, l'établissement du port connaît des variations géographiques. Et les différences entre la Manche et le golfe de Gascogne sont tout aussi flagrantes :

Dans le golfe de Gascogne, l'établissement du port est à peu près constant. A une demi-heure près, les heures de marées sont les mêmes, d'Audierne à Saint-Jean-de-Luz. Concrètement, quelqu'un ayant un horaire de marées de Royan peut l'utiliser sans trop d'erreurs à Lorient.

En Manche, la question est tout autre. L'établissement du port varie avec une progression continue d'Ouest en Est. Entre les deux points extrêmes de la Manche, la différence est de 8 heures 40 minutes. Compte tenu que la mer monte ou descend en un peu plus de 6 heures, cela signifie que lorsque la mer est haute en Bretagne, elle est basse dans le Boulonnais (et vice-versa). En Manche, les horaires de marées ne sont plus interchangeables.

Les explications de ces différences entre la Manche et le golfe de Gascogne sont essentiellement bathymétriques. L'établissement du port traduit en fait le temps de propagation de l'onde de marée. Parce que le golfe de Gascogne est une mer profonde en forme de large baie, l'onde de marée n'est que peu freinée et arrive pratiquement en même temps à n'importe quel endroit de la côte.

La faible largeur et la faible profondeur de la Manche freinent l'onde de marée qui met plus de 8 heures à progresser de la pointe de Bretagne à la frontière belge.

On peut toutefois noter que la progression de l'onde de marée d'Ouest en Est en plus de 8 heures, est tout à fait contraire à la théorie astronomique selon laquelle le passage de la Lune s'effectue d'Est en Ouest en trente minutes entre Dunkerque et Ouessant.

On conçoit bien, dans le cas de la Manche, le rôle des facteurs géographiques sur la progression des marées qui devrait se faire d'Est en Ouest (sens de passage des astres). Or cette progression se fait dans le sens contraire, d'Ouest en Est. Dans la réalité, à cause de la configuration des continents, l'expression géographique des marées est donc plus complexe que la simple théorie astronomique : l'onde de marée se forme

*Carte de l'établissement du port.*

au milieu de l'Atlantique, se présente devant l'Europe du Nord-Ouest et pénètre en Manche par l'Ouest.

L'établissement du port ne variant pratiquement pas, il en découle que les heures de basses mers et de pleines mers pour un état de marée donné (vive eau ou morte eau) seront toujours les mêmes pour un même site.

Exemple : à Boulogne-sur-Mer, les pleines mers de vive eau (coefficient de marée maximal) ont toujours lieu aux alentours de midi (TU), et ce quel que soit le coefficient :

le 3 janvier 2010 : 12 h 36 TU (C 101)

le 28 juillet 2010 : 12 h 29 TU (C 88)

le 22 mars 2015 : 12 h 19 TU (C 112).

## La Méditerranée

On a l'habitude de dire qu'il n'y a pas de marée en mer Méditerranée, ce qui n'est pas totalement exact.

Les marées méditerranéennes françaises sont excessivement complexes, et beaucoup moins régulières que les marées océaniques. Elles échappent aux explications applicables de manière simple aux côtes atlantiques. Les notions de coefficient de marée et d'unité de hauteur ne sont d'ailleurs plus applicables. Pour bien comprendre, nous allons prendre deux cas extrêmes : la plus faible marée du siècle (coefficient 22 à Brest le 7 octobre 2004) et la plus forte (coefficient 119 à Brest le 21 mars 2015).

| Port | Minimum | Maximum |
|---|---|---|
| Banyuls | 0 cm | 20 cm |
| Marseille | 0 cm | 26 cm |
| Toulon | 2 cm | 28 cm |
| Nice | 0 cm | 31 cm |
| Ajaccio | 2 cm | 30 cm |
| Bastia | 2 cm | 40 cm |

Il n'y a plus de logique apparente.

En cas de quadrature extrême, les paramètres de marées sont aberrants ; le marnage peut être inexistant, la durée du flot et du jusant totalement dissymétriques !

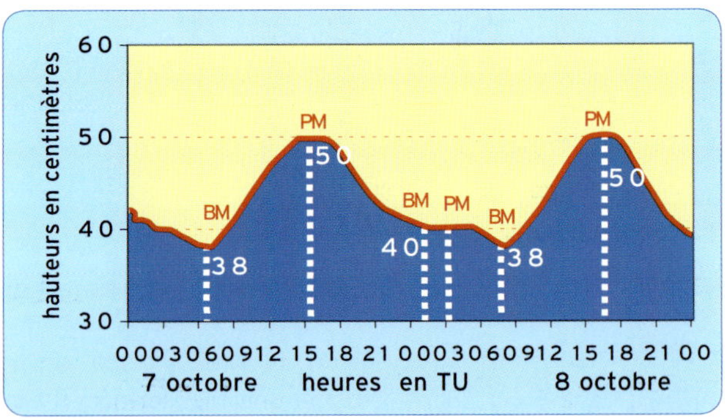


*Courbe de marée à Banyuls les 7 et 8 octobre 2004 (d'après les données du logiciel du SHOM).*

On peut même n'avoir qu'une marée par jour (le 7 octobre 2004) ou une pleine mer de même hauteur que la basse mer, donc pas de marnage (le 8 octobre 2004) !

En syzygie, par contre, on retrouve des paramètres plus normaux : le marnage, à défaut d'être significatif, a au moins le mérite d'exister et les durées du flot et du jusant redeviennent plus symétriques.

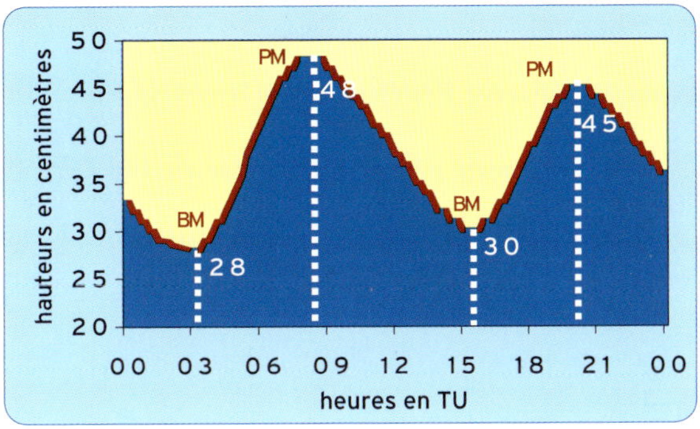


*Courbe de marée à Banyuls le 21 mars 2015 (d'après les données du logiciel du SHOM).*

Toutefois, sur un mois, on arrive à discerner un rythme lunaire, bien qu'il n'y ait plus de symétrie par rapport au niveau de marée, et que les anomalies signalées ci-dessus se retrouvent systématiquement. De plus, les marées ne sont plus typiquement semi-diurnes, mais ont une tendance à connaître des anomalies diurnes (voir page 138).

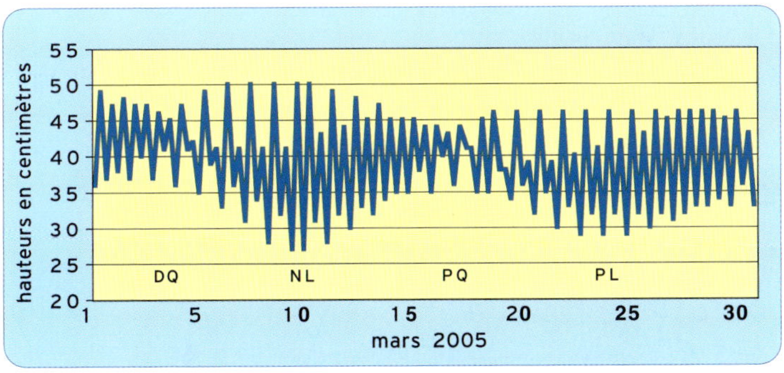


*Hauteurs d'eau à Banyuls en mars 2005 (d'après les données du logiciel du SHOM).*

Ces singularités ont une explication : la Méditerranée est une mer qui, au point de vue physique, peut être considérée comme une mer fermée, un grand lac en quelque sorte. Le détroit de Gibraltar est certes important du point de vue biologique,

*Carte Méditerranée.*

mais a une largeur trop faible pour que les ondes atlantiques puissent y pénétrer.

Les marées méditerranéennes sont donc des marées autochtones. Mais les dimensions du bassin (3 600 km de longueur, 800 km de largeur moyenne) sont insuffisantes pour permettre les oscillations propres. De plus, le découpage complexe du trait de côtes entrave la propagation des ondes et génère de multiples réflexions.

Pour toutes ces raisons, les marées en Méditerranée sont faibles. Phénomène aggravant, la Méditerranée est une mer profonde (3 000 à 4 000 m). Or, on l'a vu avec l'exemple du golfe de Gascogne, les marées sont d'autant plus faibles que la profondeur est forte.

Deux exceptions notables cependant : la mer Adriatique, avec son emblématique cité de Venise (lors de l'*aqua alta* le marnage atteint 1,3 m en marée d'équinoxe), et le golfe de Gabès en Tunisie (jusqu'à 2,3 m). Ainsi, les marées sont plus fortes à Gabès en Méditerranée qu'à Dakar en Atlantique !

L'explication est purement géographique. Les paramètres relevés en Atlantique étant universels, **l'existence d'un plateau continental et un trait de côte rentrant renforcent les marées**. Ces deux paramètres existent à Venise et à Gabès.

# Particularités

Après avoir vu les caractéristiques générales des marées françaises et les singularités géographiques de chacune des trois façades littorales (Manche, golfe de Gascogne, Méditerranée), nous allons, avec quelques exemples, montrer des singularités locales.

# Dissymétrie flot-jusant

La « loi des douzièmes » (tout comme la formule mathématique), présentée comme une méthode simple pour apprécier heure par heure la montée ou la baissée de la mer, connaît cependant des limites. Sur le terrain, l'allure de la courbe est loin d'être aussi idéale.

Tout d'abord, on note une dissymétrie presque systématique entre le flot et le jusant : le jusant dure plus longtemps que le flot.

Sur les côtes de la Manche, la dissymétrie au profit du jusant s'accentue au fur et à mesure que l'on progresse vers l'Est (en dehors de particularités locales).

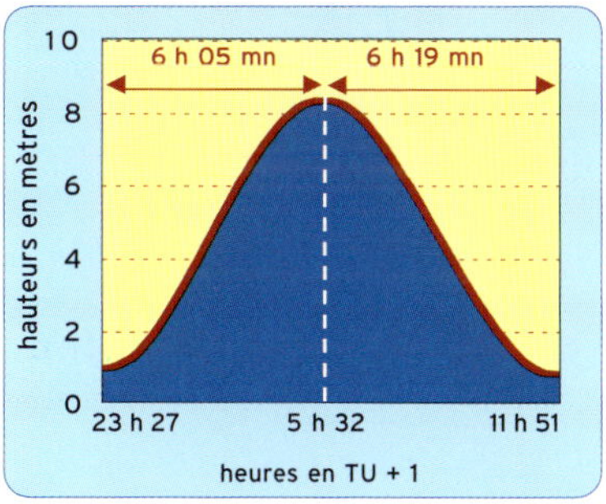


Brest.

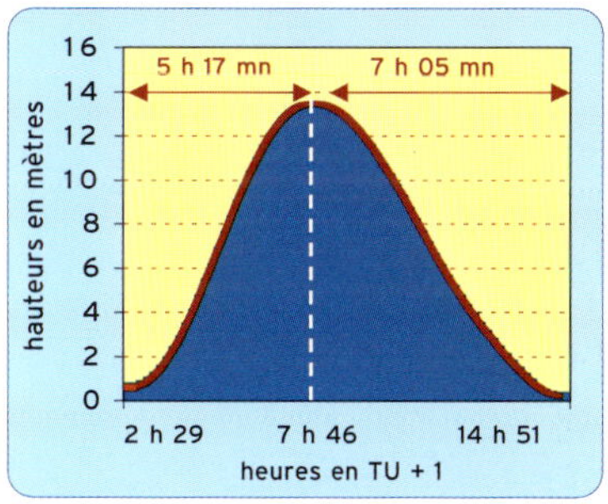


Saint-Malo.

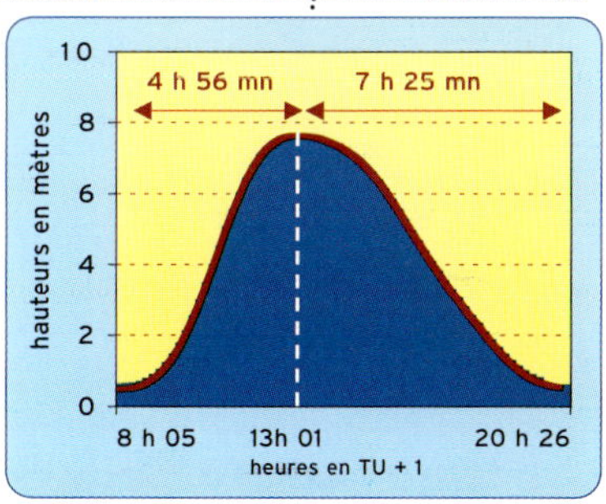


*Dissymétrie flot-jusant pour Brest, Saint-Malo, Calais, exemple du 21 mars 2015.*

Calais.

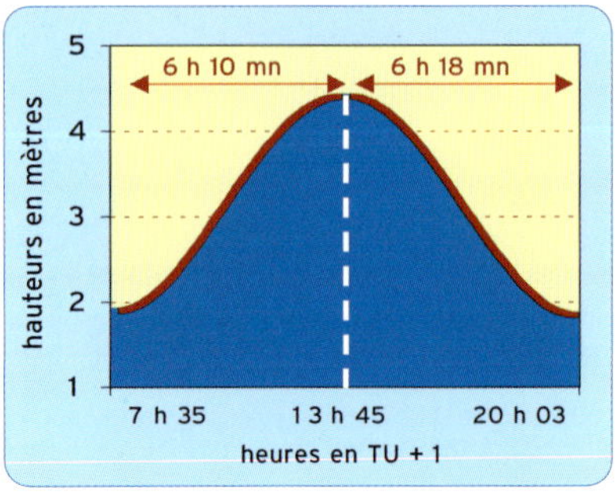


*Dissymétrie flot-jusant à Audierne, exemple du 22 décembre 2004.*

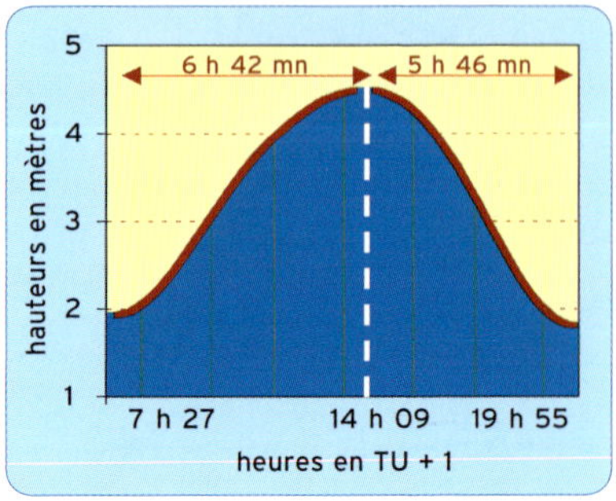


*Dissymétrie flot-jusant à Saint-Gilles-Croix-de-Vie, exemple du 22 décembre 2004.*

Des disparités géographiques sont cependant notables : sur les côtes de l'Atlantique, la différence est peu importante : c'est le cas d'Audierne par exemple.

On peut même avoir en morte eau, dans la région de Royan, de Marennes ou de Fromentine, un flot plus long que le jusant.

Pour expliquer cela, nous allons raisonner avec les ondes.

La vitesse v de propagation de l'onde de marée est fonction de la profondeur h :

$v = \sqrt{gh}$
g étant l'accélération de la pesanteur

Dans le cas d'un océan profond, par exemple l'Atlantique, la vitesse de propagation de l'onde de marée est d'environ 200 mètres par seconde. Lorsque l'onde de marée

*Saint-Gilles-Croix-de-Vie (85), port de pêche.*

approche des côtes, la profondeur diminuant, l'onde de marée est freinée. La crête de l'onde (pleine mer) se propage plus vite que le creux (basse mer). Ceci est net pour la Manche (profondeur maximale de l'ordre de 100 m) ; le paroxysme est dans le détroit du pas de Calais.

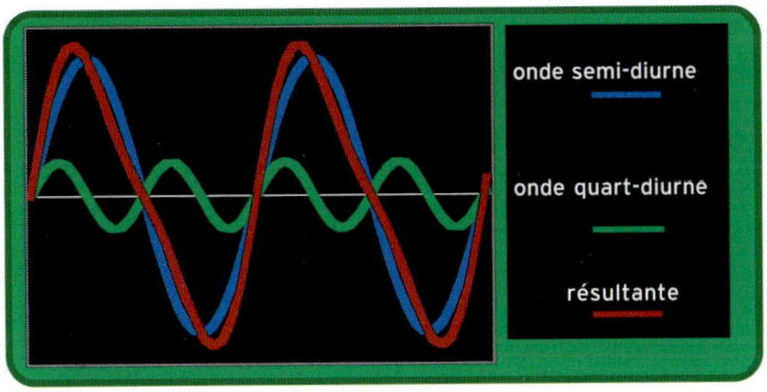


*Onde semi-diurne + onde quart-diurne en phase = dissymétrie flot jusant (simulation informatique).*

Mathématiquement, on interprète cette dissymétrie par l'introduction d'ondes supérieures quart-diurnes (de période d'environ 6 heures) en phase avec les ondes semi-diurnes.

## La tenue du plein

Les courbes de marées montrent aussi des anomalies locales et temporaires appelées **tenue du plein.** La mer reste haute pendant très longtemps : la courbe de marées prend alors une forme tout à fait particulière, l'étale de pleine mer étant très longue..

Ce phénomène existe entre Le Croisic et l'île d'Oléron, mais uniquement lors des très faibles mortes eaux ; l'étale de pleine mer dure près de 3 heures ; mais le marnage étant faible (de l'ordre de 1 m), ce phénomène passe généralement inaperçu…

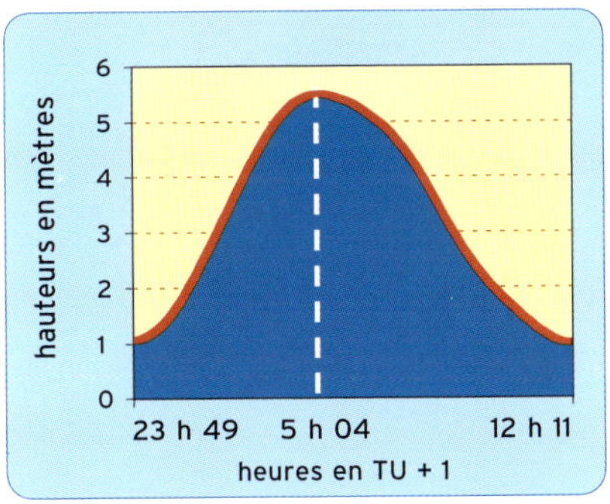


*Absence de tenue du plein Fromentine en Vive Eau exemple 21 février 2004.*

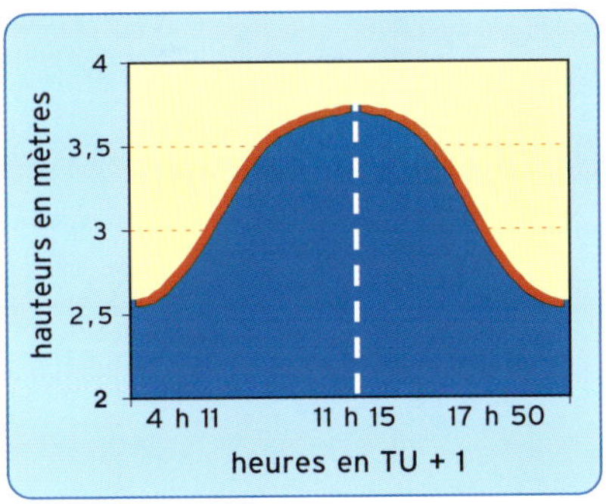


*Tenue du plein Fromentine en Morte Eau exemple 7 octobre 2004.*

Un phénomène analogue, mais beaucoup plus accentué se produit aussi en baie de Seine où la mer reste haute pendant 2 à 3 heures (durée variable selon les lieux et le coefficient de marée).

Cette anomalie est évidemment bienvenue dans un grand port comme Le Havre car elle favorise la navigation des navires à fort tirant d'eau. Très nette en vive eau, elle a tendance à s'estomper en morte eau :

Tenue du plein à Honfleur le 21 février 2004 :

*10 h.*

*10 h 30.*

*11 h.*

*11 h 30.*

*12 h.*

*12 h 30.*

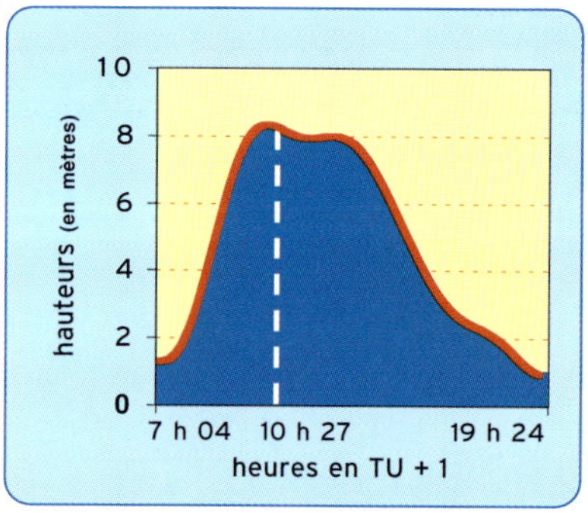


*Tenue du plein à Honfleur en Vive Eau exemple 21 février 2004.*

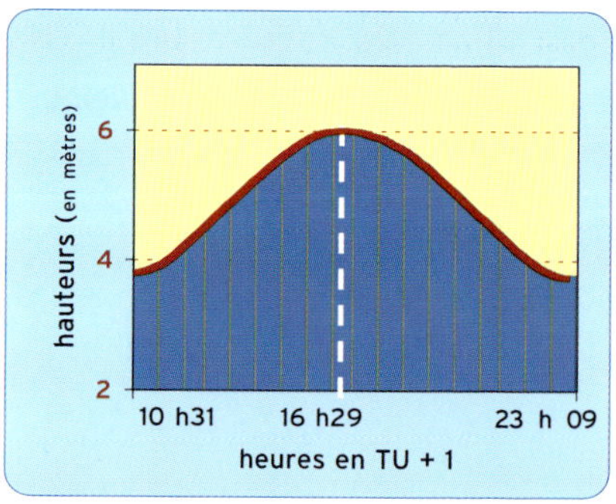


*Absence de tenue du plein à Honfleur en Morte Eau exemple 7 octobre 2004.*

On interprète mathématiquement la tenue du plein par l'introduction d'ondes quart-diurnes (comme pour la dissymétrie flot-jusant), mais avec cette fois un décalage de phase.

De l'autre côté de la Manche, la formation d'ondes supérieures encore plus complexes provoque à Southampton un dédoublement de la pleine mer et une montée de la mer en deux fois, et à Portland un dédoublement de la basse mer sur 4 heures. La marée, on le voit, peut très vite devenir extrêmement complexe. Heureusement, sur les côtes françaises, on reste encore dans un cas relativement simple…

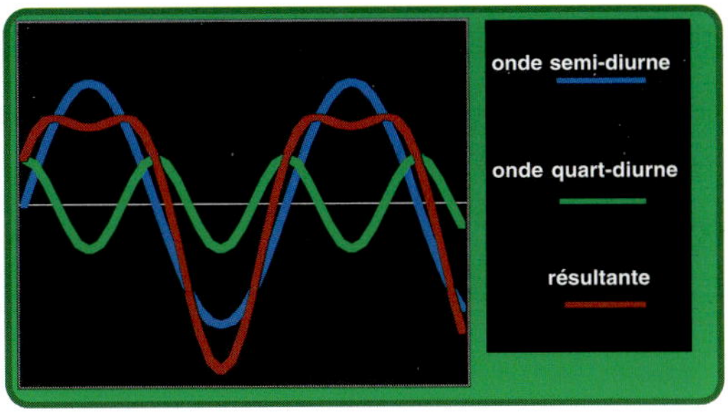


*Onde semi-diurne + onde quart-diurne déphasées = tenue du plein (simulation informatique).*

## Les marées fluviales

Les marées dans les estuaires et les fleuves présentent des caractères spécifiques relatifs aux particularités des fleuves. Cependant, les trois grands fleuves français se jetant dans des mers à marée (Seine, Loire, Garonne) ont des caractéristiques communes (à noter que seules les sections navigables des fleuves sont bien connues pour ce qui est des marées).

**Le flot est plus court que le jusant**, et ce d'autant plus que l'on remonte vers l'amont et que le coefficient de marée est important.

Ceci est une conséquence de la diminution de la vitesse de propagation de l'onde de marée lorsque la profondeur diminue : comme il y a moins d'eau à marée basse

*Le pont de Mindin sur la Loire (44).*

*Blaye (33) : la Gironde, avant-port de Bordeaux.*

et que cette différence est particulièrement sensible dans les fleuves où la profondeur est par définition faible, la pleine mer se propage plus vite que la basse mer.

A partir d'une certaine distance de l'embouchure, le jusant devient permanent. Seule la vitesse d'écoulement du fleuve traduit les marées de l'aval.

**L'onde de marée s'éteint à une distance de l'embouchure, variable selon les fleuves :**

- 144 km pour la Seine (écluses d'Amfreville)
- 90 km pour la Loire (amont d'Ancenis)
- 160 km pour la Gironde Garonne (Castets)
- 160 km pour la Gironde Dordogne (Pessac)

Les activités humaines ne sont pas sans conséquences sur les marées dans les fleuves. Ainsi, pour la Loire, suite aux travaux de rectification des bancs de sable de l'estuaire, au creusement des chenaux de navigation et aux extractions massives de sable, le point d'extinction des marées est passé de 70 km (Mauves) dans les années 1940 à 80 km (Champtoceaux) dans les années 1960, puis à 90 km (Ancenis) dans les années 1980.

**Le marnage, dans un premier temps, augmente vers l'amont, puis diminue lorsque le fond du fleuve arrive au-dessus du niveau moyen** : un rétrécissement du fleuve augmente le marnage (effet d'entonnoir) tandis qu'une diminution de la profondeur diminue le marnage (dissipation de l'énergie).

L'augmentation du marnage est surtout sensible en morte eau (car en vive eau, il y a moins d'eau à marée basse).

Seule exception : la Seine où le marnage diminue dès l'estuaire à cause de la topographie des bancs de sable.

**Le lieu des pleines mers forme un plan à peu près horizontal tandis que le lieu des basses mers se relève vers l'amont et se trouve toujours au-dessus du niveau du fleuve.**

Dans l'embouchure, comme sur l'ensemble des côtes, le lieu des basses mers de vive eau se situe en dessous du lieu des basses mers de morte eau (domaine tidal normal).

Puis on constate l'inverse dans la partie la plus continentale de l'estuaire : le lieu des basses mers de vive eau se situe au-dessus du lieu des basses mers de morte eau (domaine tidal inverse). Ce point d'inflexion ne peut être défini avec précision, car il dépend grandement du débit du fleuve (très variable selon les saisons) et des travaux de dragage dans le lit du fleuve. Généralement, il se situe à une cinquantaine de kilomètres pour la Seine (entre Mesnil-sous-Jumièges et Duclair), une soixantaine de kilomètres pour la Loire (en amont de Nantes), une soixantaine de kilomètres pour la Gironde (vers Cambes (en amont de Bordeaux).

**L'onde de marée progresse lentement**, et ceci est d'autant plus net que le fleuve est étroit. C'est le cas par exemple de la Seine où l'onde de marée met pratiquement 6 heures pour atteindre le point d'extinction des marées : quand la mer est haute à Elbeuf, elle est basse au Havre.

## Le mascaret

On ne peut passer sous silence le mascaret qui affecte certains fleuves, et pour ce qui est des fleuves français, autrefois la Seine. Trois paramètres sont nécessaires pour un mascaret important : grand marnage dans l'estuaire, faible profondeur du fleuve et obstruction de l'estuaire par des bancs de sable.

*Mascaret sur la Seine à Tancarville (76) au XIXe siècle.*

Tristement célèbre par la mort de la fille de Victor Hugo à Villequier en 1843, le mascaret se présentait comme une barre d'eau pouvant atteindre 2,5 m, voire exceptionnellement 3 m en vive eau. Par suite des travaux incessants depuis 1848 (endiguement du fleuve, colmatage de bancs, creusement du canal de Tancarville, approfondissement du chenal principal…), le mascaret n'est presque plus perceptible aujourd'hui.

Il était lié à une entrave de la propagation de l'onde de marée par les bancs de sable : l'onde de marée, très freinée, se déformait au point que sa crête rattrapait son creux, ce qui donnait une lame d'eau remontant le fleuve (en physique, on appelle cela une onde solitaire). Cette gigantesque « vague » avait une hauteur variable selon la largeur, la profondeur du fleuve et le coefficient de marée. Le mascaret était particulièrement impressionnant entre Quillebeuf et Caudebec.

Des petits mascarets (d'une dizaine de centimètres) sont, dans certaines conditions, vus dans des rias bretonnes. Un mascaret important existe encore en Gironde

(Dordogne), notamment à Saint-Pardon, où les planchistes viennent surfer lors de forts coefficients de marée (> 100) et de faible débit du cours d'eau.

Le plus grand mascaret est celui du Mékong : 14 m !

## Les marées dans les baies fermées

En règle générale, les marées dans les baies ouvertes (baie du Mont-Saint-Michel, baie de Seine, baie de Somme…) se caractérisent par une augmentation du marnage.

Par contre, les baies ne communiquant avec la mer que par un goulet plus ou moins étroit présentent un régime hydrologique particulier.

Le **golfe du Morbihan** (« petite mer » en breton) est une baie d'environ 120 km², parsemée de très nombreuses îles, et ne communiquant avec la mer que par un passage de moins de 1 km.

*Locmariaquer (56), entrée du golfe du Morbihan.*

Hormis Auray où l'on peut constater un régime quasi fluvial, le marnage diminue très rapidement en vive eau (de 4,3 m à l'extérieur, à 2,75 – 2,95 m dans l'ensemble du golfe). Cette différence est peu sensible en morte eau (de 2,05 m à l'extérieur à 1,65 – 1,8 m à l'intérieur). Le volume d'eau à passer dans le golfe est limité par l'étroitesse du goulet, et cette limitation se fait d'autant plus sentir que le coefficient de marée est important.

D'autre part, les frottements sont importants sur le fond et les nombreuses îles sont autant d'obstacles à la progression de la marée. De ce fait, l'onde de marée met un peu plus de 2 heures en vive eau et 1 heure 30 minutes en morte eau (aussi bien à marée montante qu'à marée descendante) pour parcourir tout le golfe. Donc, contrairement à ce qui se passe dans les estuaires, il n'y a pas de dissymétrie flagrante entre flot et jusant. Tout au plus observe-t-on une légère augmentation du jusant.

L'entrée du golfe, entre Locmariaquer et Port-Navalo, est le siège de courants alternatifs (remplissage et vidange) particulièrement violents.

*Bassin d'Arcachon (33) : installations ostréicoles et cabanes tchanquets à l'Ile-aux-Oiseaux.*

Le **bassin d'Arcachon** est une baie d'environ 60 km$^2$, communiquant avec la mer par un goulet de 3 km plus ou moins obstrué par des bancs de sable aux contours variant au fil du temps. Le régime des marées y est différent de celui du golfe du Morbihan, d'autant que le bassin d'Arcachon ne compte qu'une seule île.

Comme dans les estuaires, le marnage augmente (entre + 15 cm en morte eau et + 30 cm en vive eau entre Cap-Ferret et Arcachon). Comme dans le golfe du Morbihan, mais avec cependant une importance moindre, on observe un décalage des heures de marées à peu près constant : entre Cap-Ferret et Arcachon : + 30 min en vive eau pour la pleine mer et la basse mer, + 20 min en morte eau pour la pleine mer, + 10 min en morte eau pour la basse mer.

*Bassin d'Arcachon (33) : village de pêcheurs à Cap-Ferret.*

# Les conséquences des marées

Les marées présentent des avantages et des inconvénients, mais ces inconvénients peuvent parfois constituer des avantages !

*Berck (62), pleine mer.*

# Les avantages

## *L'existence d'un estran*

Les littoraux à marées découvrent de plus ou moins vastes espaces appelés **estrans**.

*Plouharnel (56) : char à voile sur la plage.*

Plus le coefficient de marée est important, plus l'estran sera vaste. Tous les jours, on remarque une symétrie entre la pleine mer et la basse mer par rapport à un niveau constant appelé **niveau de mi-marée** (niveau correspondant à la moyenne arithmétique des hauteurs d'eau entre la pleine mer et la basse mer et indépendant du coefficient de marée). Ce niveau de mi-marée correspond approximativement au zéro des cartes IGN et peut être sensiblement différent du niveau moyen (moyenne des hauteurs d'eau observée d'heure en heure), surtout là où la courbe de marées est dissymétrique, et notamment là où l'on constate le phénomène de tenue du plein.

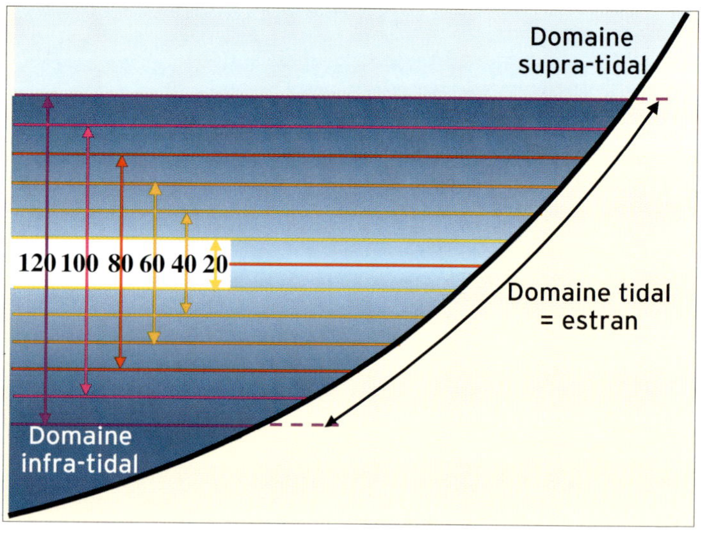


*Lieu des pleines mers et des basses mers sur l'estran en fonction du coefficient de marée.*

*Arcachon (33) : plage un dimanche de printemps.*

On comprend d'ailleurs mieux les mots « vive eau » et « morte eau ». Par fort coefficient, la mer monte haut et descend bas. Pendant le temps du flot ou du jusant, donc environ 6 heures, le niveau de la mer changera beaucoup, bougera beaucoup. Quelque chose qui bouge est vivant, d'où le nom de « vive eau ». Dans les mêmes six heures, par petit coefficient de marée, la mer montera peu et descendra peu (jusqu'à six fois moins), donc bougera peu, d'où le nom de « morte eau ».

A la différence de la Méditerranée, où il faut en période touristique nettoyer les plages tous les soirs, dans les mers à marées, la mer se charge du travail…

## La richesse et la variété de l'estran

Plus le coefficient de marée est élevé, plus la mer monte haut et descend bas. Plus le coefficient de marée est faible, moins la mer monte et descend.

De ce fait, les parties hautes de l'estran sont rarement immergées tandis que les parties basses de l'estran sont rarement émergées.

Ceci se traduit par un étagement subtil de la végétation et de la faune, dénotant la faculté des organismes à résister à l'émersion, donc à la déshydratation, aux variations de température, aux variations de lumière, à l'action mécanique des vagues, etc. Ce qui explique aussi la richesse et la variété biologique des côtes à marées, comme les côtes bretonnes, par rapport aux côtes sans marées (ou si peu) comme la Méditerranée.

C'est pourquoi, à marée basse, l'estran est envahi par les pêcheurs à pied qui y traquent crevettes, palourdes, coques…

**Pour préserver la richesse de l'estran, il est important de remettre en place les cailloux que vous retournez.**

*Etagement du haut estran.*

# La diversité des paysages

Parce que la mer monte et descend sans cesse, le paysage change aussi minute après minute, et de ce fait paraît vivant.

Outre la poésie de ce phénomène, en fonction de l'exposition de la côte aux houles, à quelques centaines de mètres, les paysages peuvent être complètement différents. Il est une règle très simple et universelle, alliant exposition, pente de l'estran et granulométrie :

Côte très exposée = forte pente = estran court = granulométrie grossière (rochers, galets ou sable très grossier selon la nature géologique)

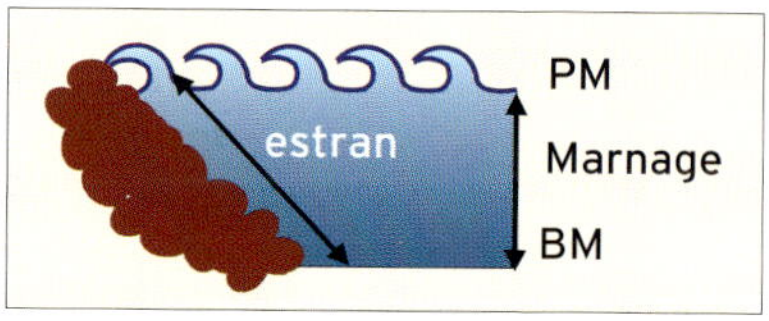


Côte moyennement exposée = pente moyenne = estran moyen = granulométrie moyenne (sable)

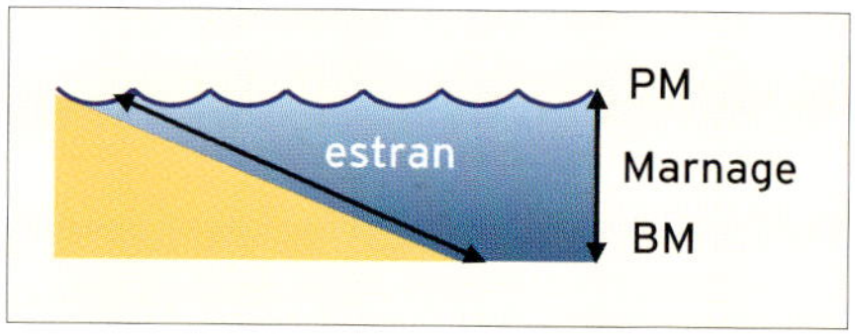


Côte très abritée = pente faible = vaste estran = granulométrie fine (vase)

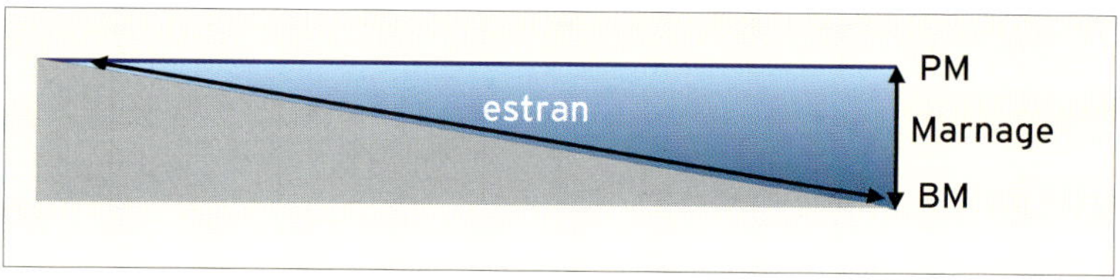


La pente de l'estran dépend donc grandement de son exposition aux tempêtes, qui conditionne aussi les matériaux dont il est constitué.

C'est ainsi qu'en quelques kilomètres on peut trouver des falaises rocheuses, des plages de galets, des plages de sable, et des marais maritimes.

*Ile Grande (22) : côte nord, granitique très exposée (basse mer) = gros galets.*

*Ile Grande (22) : côte est, granitique moyennement exposée (basse mer) = plage de sable.*

*Ile Grande (22) : côte sud, granitique très abritée (basse mer) = marais maritime et vase.*

# *Une source d'inventivité*

L'existence de marées sur certaines côtes a stimulé l'ingéniosité de nos ancêtres qui ont inventé des pratiques et techniques dans le but d'économiser leur énergie. Nous citerons trois de ces inventions :

*Pêcherie en baie du Mont-Saint-Michel : vue aérienne et détail d'un bras.* (Ph. Ch. Bonnot)

Dès le XIe siècle (et même probablement avant), sur tous les littoraux à marée, on a développé les pêcheries : en baie du Mont-Saint-Michel (entre autres) elles permettaient de pêcher le poisson sans bateaux. Au niveau de mi-marée, on construisait des clayonnages de branches entrelacées d'orme ou de bouleau en forme de V ouvert d'environ 300 m vers le haut estran et la pointe vers le bas estran. Les branchages avaient une hauteur croissante vers le bas estran (1 m en haut du V, 4 m à la pointe), de manière à ce que le haut soit horizontal. Au bout du V, une nasse concentrait les poissons pris dans le piège. Il suffisait de venir à marée basse pour récolter les poissons vivants.

Au XIXe siècle, on extrayait le granite sur l'estran même :

D'abord, parce que le granite était sain (les parties altérées ayant été déblayées par la mer).

Ensuite parce qu'à marée basse on enfonçait des coins de bois sec dans des trous alignés ; la mer en montant humectait le bois qui en se dilatant faisait éclater la roche (c'était la technique égyptienne. Mais pas besoin d'humecter le bois en l'arrosant : la mer s'en chargeait).

Enfin, parce qu'il suffisait d'arrimer le bloc à un tonneau vide pour le remorquer jusqu'au port d'où il était chargé sur les navires.

Cette invention était à la fois astucieuse, économique et moins fatigante…

*Ile Grande (22) : Anciennes carrières sur l'estran.*

- Au XX^e siècle, les mytiliculteurs et ostréiculteurs ont inventé les bateaux amphibies : flottant comme un bateau dans l'eau, roulant comme un tracteur lorsqu'il n'y a pas d'eau.

*Le Vivier (35) : bateau amphibie.*

## Une source d'énergie

Très tôt, nos ancêtres ont su tirer parti des dénivellations de l'eau créées par les marées.

Dès le XI^e siècle, ils ont construit dans des fonds de baie abritée, notamment en Bretagne, des **moulins à marée** dont le mécanisme est comparable aux moulins sur les rivières, si ce n'est que le moulin à marée ne peut fonctionner en continu, puisqu'il faut à marée montante remplir une retenue d'eau en amont. Ce n'est qu'entre la mi-marée descendante et la mi-marée montante (en général) que les roues pouvaient tourner lorsqu'on laissait s'échapper l'eau de la retenue.

Ces moulins à marée sont encore nombreux sur les côtes bretonnes, dans les fonds d'estuaire. Ils ont pendant des siècles servi à moudre le grain, en faisant concurrence ou en complétant les moulins à vent.

Une version moderne du moulin à marée est l'**usine marémotrice** de la Rance qui utilise la dénivellation de part et d'autre d'une digue de 330 m pour actionner des turbines et fournir de l'électricité, mais avec cependant une différence fondamentale par rapport aux moulins à marées : celle de pouvoir travailler dans les deux sens.

Construites entre 1961 et 1967, les vingt-quatre turbines ont fourni en trente ans 16 milliards de kilowattheures pendant 160 000 heures. Toutefois, la modification du rythme des marées en amont a provoqué un bouleversement des écosystèmes.

*Moulin à marée Trégastel (22), datant de 1384.*

D'autres projets sont en cours de réalisation, notamment en Angleterre, à Lynmouth (baie de Bristol) où l'on teste des turbines immergées, qui avec une rotation lente sous l'effet des courants de marée (20 tours par minute), fournissent 300 kilowatt-heures.

*La Richardais (35), barrage de la Rance.*

# Les inconvénients

## La navigation

Les marées sont une entrave à la navigation, lorsqu'il n'y a pas assez d'eau pour rentrer au port, ou lorsque le bateau est à sec.

*Mouillage en embossage à Port-en-Bessin (14). Les bateaux sont amarrés à la proue et à la poupe. Ils ne peuvent pas s'orienter selon le vent, ce qui constitue un gain de place.*

*Mouillage en évitage à Argenton (29).*
*Le bateau amarré uniquement à la proue est libre de se mettre bout au vent.*
*Il faut de ce fait un écart plus grand entre les bateaux.*

*Béquillage à Locquirec. Le bateau se pose sur la vase ou le sable et est maintenu bien horizontalement grâce à des béquilles verticales disposées de chaque côté du bateau (bâbord et tribord).*

Les ports naturels sont des ports d'échouage. En fonction du plus ou moins bon abri, et de la place dans le port, les bateaux sont amarrés « en évitage » (ils s'orientent en fonction du vent, et doivent être éloignés les uns des autres de plus de la longueur du mouillage), ou « en embossage » (amarrés à l'avant et à l'arrière, ils ne peuvent plus s'orienter bout au vent). A marée basse, si l'estran n'est pas vaseux, il est parfois nécessaire de « béquiller » les bateaux pour qu'ils soient bien posés sur le sable.

*Bateau à double quille à Locquirec (29).*

*Bateaux remontés en haut estran à Yport (76).*

La tendance à partir des années 1970 a été de construire des ports qui restent en eau. Mais, pour beaucoup, ils ne sont accessibles qu'à certains niveaux de marée, ce qui est une autre contrainte…

*La Rochelle (17) : port en eau profonde et toujours accessible.*

# Les courants

Les courants sont des déplacements horizontaux de particules d'eau de mer. Ils peuvent avoir plusieurs origines, principalement la marée, induisant des courants périodiques (liés aux variations du niveau de l'eau) et alternatifs.

Les courants se caractérisent par une direction géographique et par une vitesse (généralement exprimée en nœuds (1 nœud = 1 mille marin/heure = 1 852 m/h).

Les courants de marée sont très violents dès lors que les marées créent des dénivellations importantes entre différents points de la côte. Ces courants représentent une autre différence fondamentale entre la Manche et le golfe de Gascogne.

*Courant en baie de Seine. Il se signale par une couleur et un aspect de surface différents.*

La Manche est en effet caractérisée par des marnages très variables et un très grand décalage dans les heures de marées, ce qui induit des pentes fortes, donc des courants forts.

En revanche, le golfe de Gascogne connaît des marnages à peu près constants et pratiquement pas de décalages dans les heures de marées, ce qui a pour conséquence de très faibles pentes, donc des courants faibles, à l'exception locale des bayous.

Les courants sont d'autant plus forts que les dénivellations sont fortes, donc que les coefficients sont importants.

Les courants représentent une contrainte pour la pêche. Ainsi en Bretagne, on ne pose pas de filets en vive eau, car ils se « remplissent » d'algues charriées par la mer.

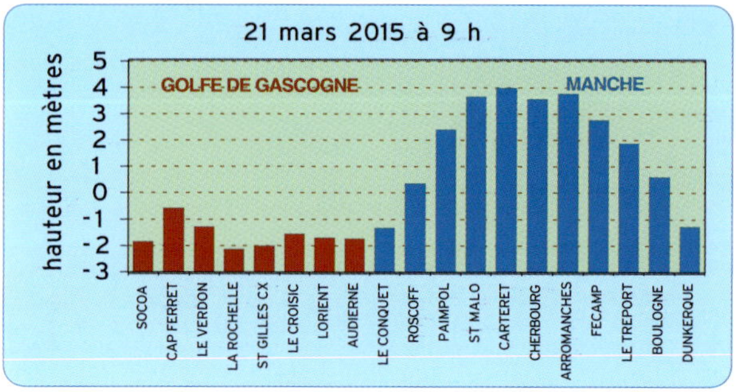


*Hauteurs d'eau le long des côtes françaises le 21 mars 2015, (coefficient 119 à Brest) à différentes heures (d'après les données du logiciel du SHOM).*

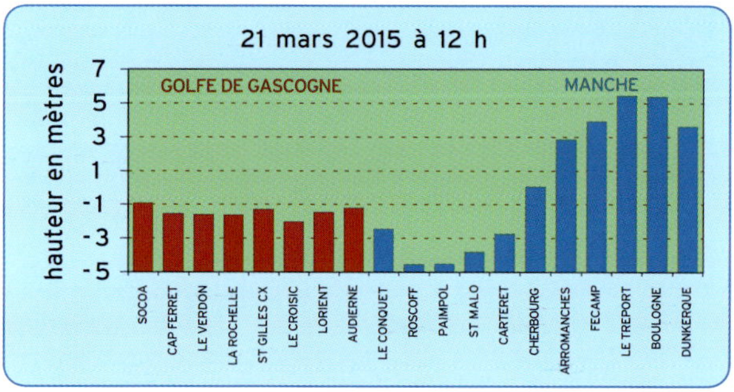


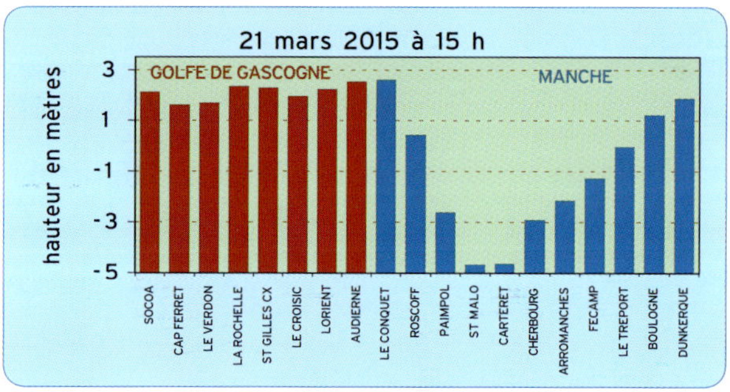


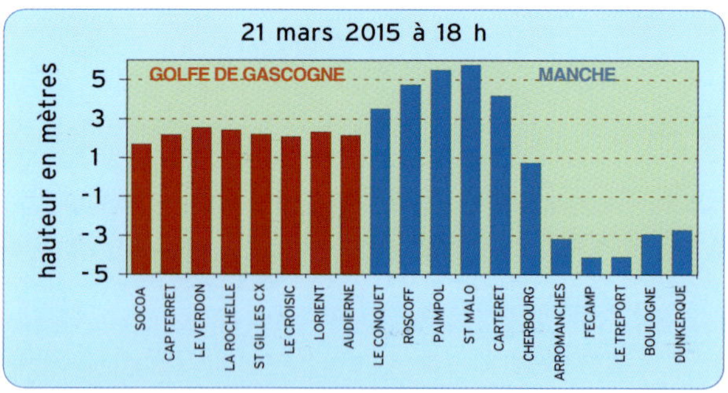

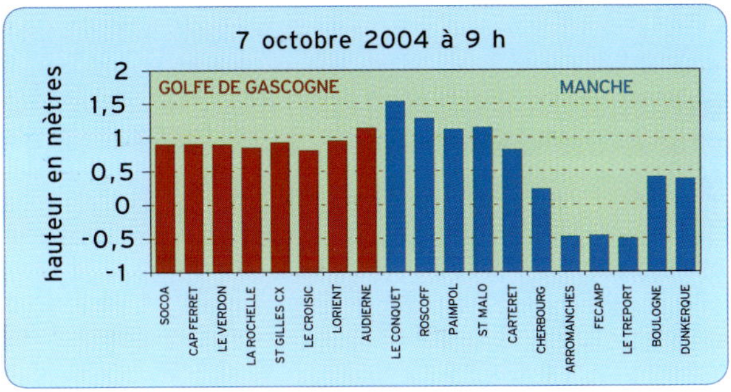


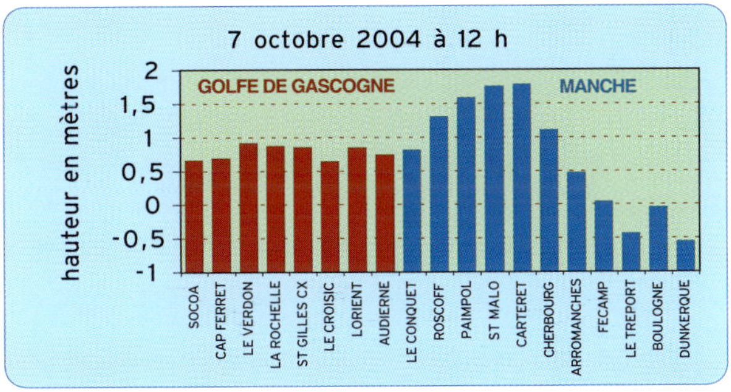


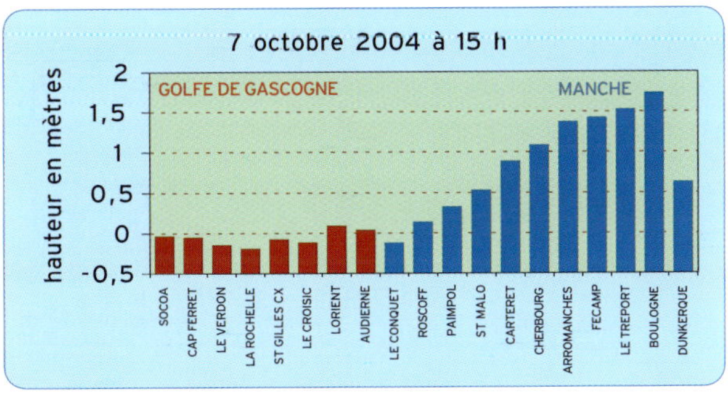


*Hauteurs d'eau le long des côtes françaises le 7 octobre 2004, (coefficient 22 à Brest) à différentes heures (d'après les données du logiciel du SHOM).*

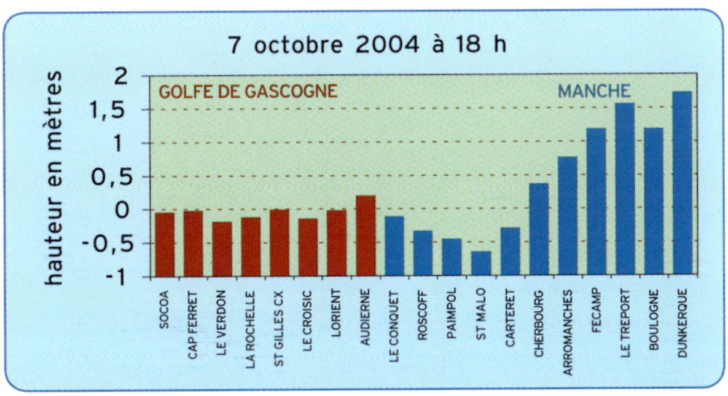

Ils peuvent être une gêne pour la navigation. Ainsi les bateaux « bout » au courant peuvent faire du surplace voir reculer. Mais quand le courant les pousse, ils peuvent atteindre des vitesses surprenantes.

En cas d'accident, par exemple lors des marées noires, les courants disséminent la pollution le long des côtes.

Mais les courants participent à la richesse biologique, ce qui est somme toute un avantage…

## Les pièges de l'estran

Pour les non-initiés, l'estran peut être un piège mortel, lorsque la mer se retire très loin sur les littoraux à faible pente et à fort marnage. Chaque année, des pêcheurs à pied se font surprendre, désorientés par la brume ou rattrapés par la marée.

Dix-neuf Chinois exploités par un réseau de travail clandestin en Angleterre

# Morts noyés en ramassant des coques

**Dix-neuf Asiatiques sont morts, jeudi soir, après avoir été surpris par la marée dans la baie de Morecambe dans le nord-ouest de l'Angleterre. Ils ramassaient des coques. Demandeurs d'asiles, ils étaient exploités par un réseau de travail clandestin.**

LONDRES *(de notre correspondant).* – Ils sont partis dans la baie de Morecambe, jeudi dans l'après-midi. Sans équipement spécifique malgré le froid et le vent. Ils étaient une trentaine, Asiatiques pour la plupart, âgés d'une vingtaine d'année, certains encore adolescents.

Pour quelques livres sterling de l'heure, ils ont ramassé comme ils le font depuis deux semaines des coques. Cela durant plusieurs heures, avant de se faire surprendre par la marée. Certains sont parvenus à trouver refuge sur des bancs de sable dans cette baie du nord-ouest de l'Angleterre, réputée particulièrement dangereuse.

**Eau et vent glacés**

*Article de presse (*Ouest-France*) : accident du 6 février 2004 sur les côtes anglaises.*

## QUELQUES CONSIGNES POUR BIEN PROFITER DE LA MAREE EN TOUTE SECURITE

Prendre conseil auprès des habitants et des professionnels.
Ne jamais s'aventurer seul sur l'estran et avoir sur soi un téléphone portable.
Avant de partir, prendre connaissance des heures de marées et vérifier le système horaire (certains horaires ne sont pas en heure légale).
Les horaires de marées ne sont donnés qu'à titre indicatif. Il faut tenir compte des conditions météorologiques.
Toujours prévoir une marge de sécurité pour les horaires, et notamment par grand coefficient de marée et dans les baies où la mer se retire très loin, il faut rentrer avant que la mer ne remonte...

# D'autres marées

*Beauvoir-sur-Mer (85).*

# Les marées ailleurs… sur Terre

**Les marées des côtes françaises atlantiques** (de type semi-diurne, c'est-à-dire avec deux marées hautes et deux marées basses par jour et à fort marnage) **ne sont pas généralisables à toutes les régions du monde.**

## Les différents types de marées

La France a la chance d'être dans une région du monde où la théorie astronomique colle à la réalité et où la compréhension du phénomène est de ce fait relativement aisée. Il n'en va pas de même pour d'autres littoraux où les marées échappent aux explications simples, et où il faut faire appel à la théorie des ondes.

De manière classique, on distingue, à la surface du globe, quatre grands types de marées.

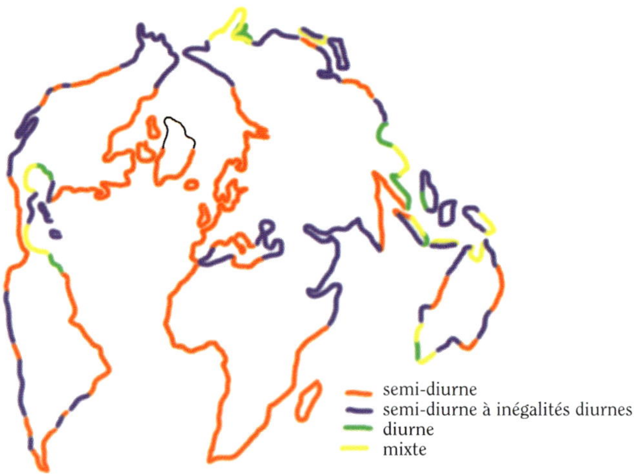


*Les grands types de marée sur les côtes mondiales.*

**Marées de type semi-diurne**

Les ondes semi-diurnes sont prépondérantes et les ondes diurnes sont très faibles, voire négligeables. Il y a deux pleines mers et deux basses mers par jour, de niveaux sensiblement cohérents.

C'est le cas des côtes Est de l'Atlantique en général, et des côtes françaises en particulier.

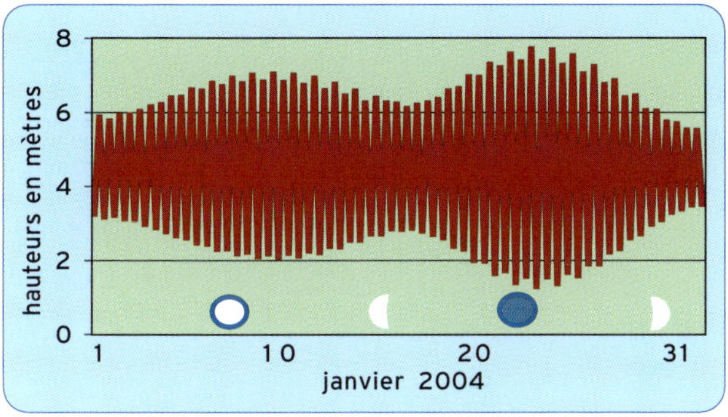


*Marée de type semi-diurne à Brest (janvier 2004)*
*(d'après les données du logiciel du SHOM).*

**Marées de type diurne**

Les ondes diurnes sont importantes, mais les ondes semi-diurnes sont négligeables.

Il n'y a qu'une pleine mer et une basse mer par jour. C'est un cas rare et, lorsqu'il existe, géographiquement peu étendu.

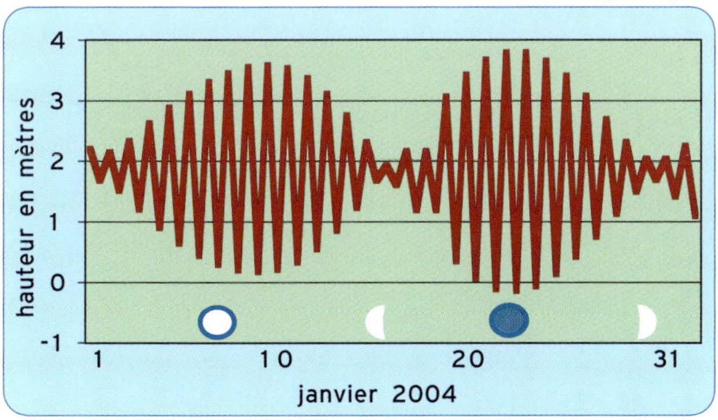


*Marée de type diurne à Do-Son (janvier 2004)*
*(d'après les données du logiciel du SHOM).*

**Marées de type semi-diurne à inégalité diurne**

Les ondes semi-diurnes sont importantes, mais les ondes diurnes le sont aussi.

Il s'agit donc d'une marée ayant des caractéristiques mixtes entre les deux précédentes.

Il y a deux pleines mers et deux basses mers par jour, mais les hauteurs entre deux pleines mers (ou deux basses mers) sont très différentes. Ce sont les marées les plus fréquentes, quasi généralisées sur le littoral pacifique et une bonne partie de l'ouest de l'Atlantique.

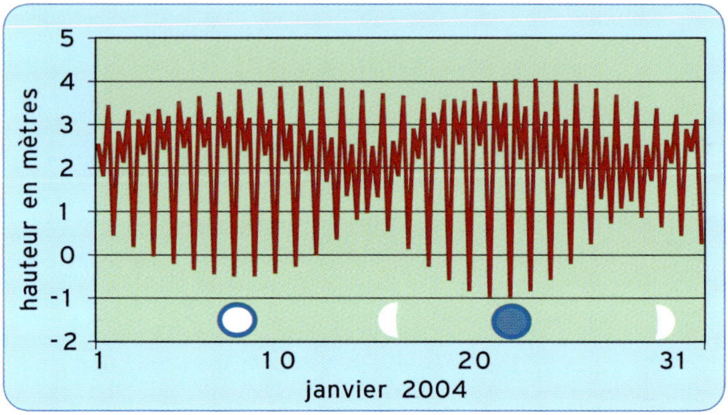


*Marée de type semi-diurne à inégalité diurne à Seattle (janvier 2004) (d'après les données du logiciel du SHOM).*

**Marées de type mixte**

Les ondes semi-diurnes sont importantes, et les ondes diurnes très importantes. C'est un cas complexe : selon la déclinaison de la Lune, on observe tantôt deux pleines mers et deux basses mers par jour, tantôt une pleine mer et une basse mer par jour.

Ces marées sont très localisées, surtout dans des îles (Antilles et Indonésie), et dans certaines baies (Vietnam ou Alaska).

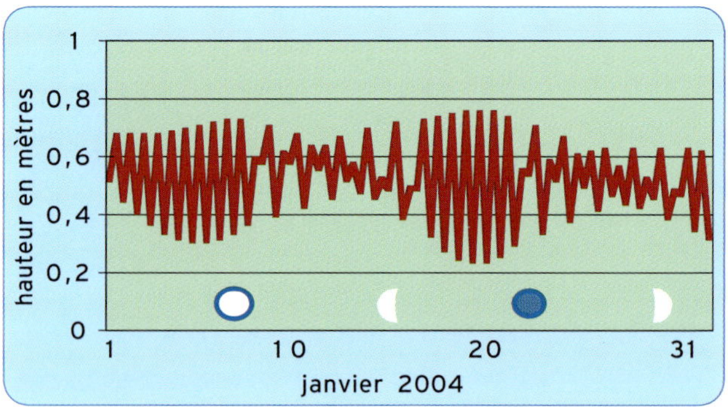


*Marée de type diurne à Fort-de-France (janvier 2004). (d'après les données du logiciel du SHOM).*

# Les marnages

Les côtes françaises atlantiques et méditerranéennes nous ont révélé la variabilité géographique des marnages.

Cette variabilité se retrouve n'importe où sur Terre, avec les mêmes lois :

**Le marnage est d'autant plus important que la mer est peu profonde.**
**Le marnage est d'autant plus important que la côte est en rentrant.**

On considère comme zones à marées importantes celles dont le marnage maximal dépasse 10 m. Elles sont réparties un peu partout dans le monde, mais très localisées (sur quelques dizaines de kilomètres de côtes). Les trois plus importantes ont lieu dans l'océan Atlantique :

Baie de Fundy (frontière canado-américaine) : 17,5 m

Baie de Bristol (Angleterre) : 15 m

Baie du Mont-Saint-Michel : 14,5 m

On considère comme zones à faibles marées celles dont le marnage maximal est inférieur à 1 m. Elles représentent l'essentiel des côtes.

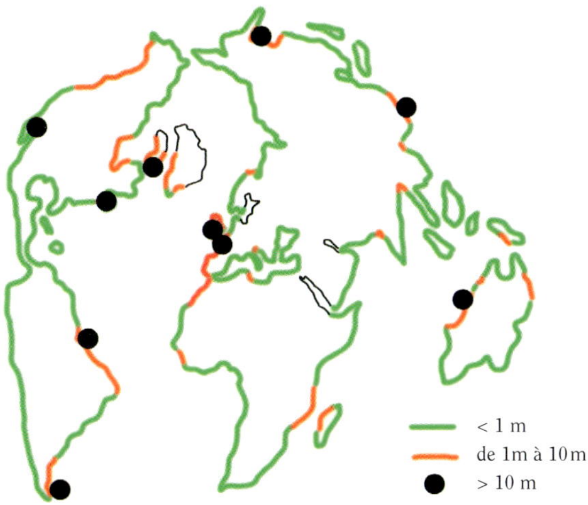


*Marnage de grande Vive Eau sur les côtes mondiales.*

On considère comme zones à marées moyennes celles dont le marnage maximal est compris entre 1 et 10 m. On trouve quelques zones réparties un peu partout dans le monde, mais géographiquement limitées, et encadrant souvent les baies ayant des marnages exceptionnels.

## Les points amphidromiques

On connaît seize endroits dans le monde où il n'y a aucune marée : le niveau de l'eau reste le même. Pressenti dès 1836, le premier a été découvert en 1840 par Whewell dans la mer des Flandres.

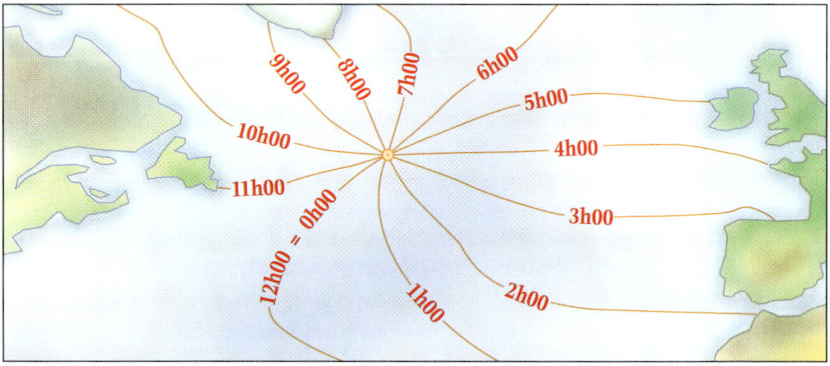


*Point amphidromique Atlantique Nord.*

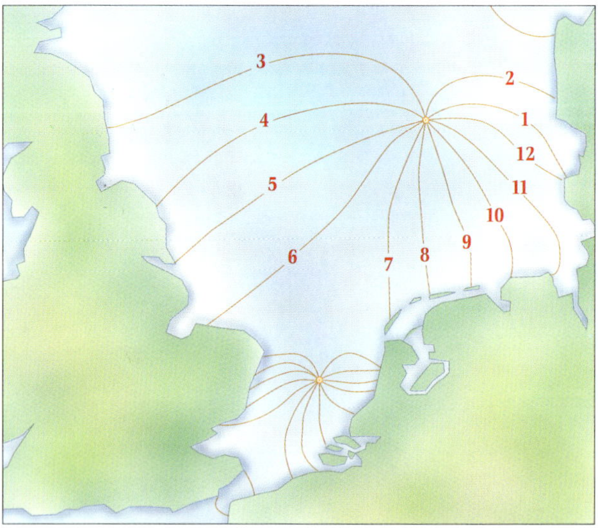


*Points amphidromiques de la mer du Nord.*

# Les autres marées… sur Terre

Les marées océaniques sont l'expression la plus visible des attractions luni-solaires. Cependant les forces de marée agissent partout et sont mesurables sur d'autres corps déformables à l'échelle du globe.

## Les marées terrestres

Il n'est pas nécessaire d'être au bord de la mer pour subir les forces de marée.

La croûte terrestre n'est pas indéformable et la force génératrice des marées s'y exerce aussi. Effectivement, la viscosité du manteau sur lequel « flotte » la croûte la rend déformable et donc apte à réagir aux forces de marée. La théorie prévoyait une déformation élastique de l'ordre de la trentaine de centimètres. C'est effectivement ce qui a été constaté à partir de l'espace avec les satellites arpenteurs.

Les marées terrestres peuvent d'ailleurs avoir des conséquences surprenantes, comme au Centre d'Études et de Recherches Nucléaires de Genève : le collisionneur électron - positon de 9 km de diamètre se déforme d'environ 1 mm sous l'effet des marées. Grâce à la précision des mesures, le phénomène a pu être détecté en 1992, et il a fallu plusieurs semaines pour que les chercheurs fassent le lien avec… les marées.

Sans qu'il y ait un lien direct entre séismes et syzygies, les marées terrestres pourraient être un facteur favorable au déclenchement des séismes en facilitant la libération de tensions internes.

*Le grand accélérateur de particules du CERN à Genève.*

## Les marées atmosphériques

Mieux encore ! On a détecté des marées atmosphériques, à très faibles variations de pression (de l'ordre de 0,02 hectopascal) au passage de la Lune. Ces variations de pression pourraient être un élément contribuant à la formation de dépressions...

Toutefois, les scientifiques n'ont pas noté de lien évident entre les marées et les tempêtes, contrairement à la croyance véhiculée au fil des générations...

# Les marées ailleurs... dans l'univers

Après avoir observé les marées à la surface de la Terre, liées à l'influence de la Lune et du Soleil, on peut se demander s'il existe des marées ailleurs que sur la Terre, dans le système solaire.

## La Lune

Notre homme de 102 kg, devenu astronaute et ayant aluni, ne pèserait plus que 170 N (au lieu de 1000 N sur la Terre). Dues à la Terre, les forces de marée qu'il subit atteignent 0,00248 N (soit environ vingt-deux fois celle subie à la surface de la Terre à cause de la Lune). Quant à la force due au Soleil, elle est de 0,000014 N (entre trois et quatre fois moins que sur la Terre). La résultante de l'action

*Clair de Terre vu de l'orbite lunaire (NASA-JPL).*

du Soleil et de la Terre sur les marées lunaires conduit à des forces de marées théoriques plus importantes que celles constatées sur la Terre. Mais il n'y a pas d'eau sur la Lune, donc pas de marées, si ce n'est l'équivalent de nos marées terrestres responsables de l'activité sismique de la Lune.

Les forces de marée exercées par la Terre sur la Lune ont freiné la rotation de la Lune en quelques millions d'années, au point que la période de rotation devienne égale à la période de révolution (27 jours 7 heures), ce qui représente un équilibre très stable. C'est la raison pour laquelle, à partir de la Terre, nous voyons toujours la même face de la Lune...

## Io

Quittons maintenant notre système planétaire Terre-Lune, et allons voir ce qui se passe autour de Jupiter sur Io, son satellite le plus proche. Notre astronaute de 102 kg pèserait 180 N (sensiblement comme sur la Lune) et subirait une force de marée due à Jupiter de 0,6 N, soit environ 5 300 fois plus que s'il était resté sur Terre et 240 fois plus que s'il était sur la Lune. C'est donc dire que les forces de marée sur Io sont importantes, à cause de la proximité de Io de sa planète et de la très grande masse de Jupiter. Mais là encore il n'y a pas d'eau sur Io, donc pas de marée comme nous en connaissons sur Terre. Les forces de marée, qui existent bel et bien, se traduisent par un volcanisme intense lié aux déformations de sa croûte.

*Eruption volcanique sur Io, satellite de Jupiter (sonde Galileo NASA-JPL).*

## Galaxies

Ailleurs dans l'Univers, il existe aussi des forces de marées entre galaxies. Ainsi notre galaxie, la Voie lactée, possède deux petites galaxies satellites gravitant autour d'elle (les nuages de Magellan) et est elle-même attirée par une galaxie beaucoup plus massive, la galaxie d'Andromède, située à 3 millions d'années-lumière.

On connaît d'ailleurs des « galaxies cannibales », galaxies massives ingérant d'autres galaxies après les avoir attirées, grâce aux forces de marée.

Les forces de marée sont donc universelles, mais ce n'est que sur Terre, et en bord de mer, que l'Homme peut y constater un effet visible au quotidien.

# Les variations du niveau de la mer

*Etretat (76), marée descendante.*

# Les variations naturelles à l'échelle géologique

Les marées produisent des variations quotidiennes prévisibles du niveau de la mer de quelques mètres.

Le niveau de la mer a connu (et connaîtra encore) d'autres variations très lentes, peu sensibles à l'échelle humaine car se produisant sur des milliers d'années, voire plus. Connues des géologues, qui les mettent en évidence à travers coupes, sondages ou dragages sous-marins, ces variations sont liées principalement à des changements climatiques, eux-mêmes tributaires de variations plus ou moins cycliques de composantes astronomiques, telles l'ellipsité de l'orbite terrestre, l'obliquité de la Terre, les variations d'activité solaire ou la traversée de nuages de poussières interplanétaires... C'est ainsi que l'on connaît, pour l'ère quaternaire, des traces de niveau de la mer aussi bien supérieur qu'inférieur à celui d'aujourd'hui.

*Plage ancienne à Perros-Guirec (22. Les galets topographiquement 2 mètres plus haut que le niveau des pleines mers actuelles ont été mis en place il y a 30 000 ans. Ils sont recouverts de plusieurs mètres de dépôts sédimentaires postérieurs (head et loess).*

Si l'on se limite aux derniers 40 000 ans (ceux vécus par nos ancêtres *Homo sapiens sapiens*), l'évolution a été rapide et de très grande ampleur :

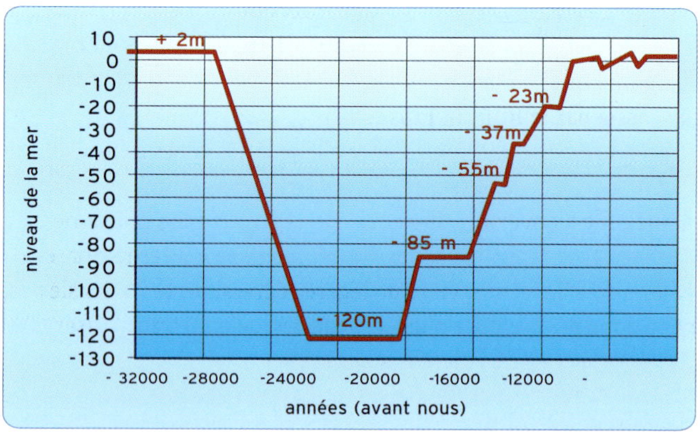


*Variations du niveau de la mer depuis ans (d'après J.-P. Pinot).*

*Menhir de Toeno à Trébeurden (22), basse mer et pleine mer (coefficient 115).*

Entre 35 000 et 27 000 ans avant nous (nos ancêtres peignaient la grotte Chauvet), le climat était proche de celui d'aujourd'hui, voire un peu plus chaud, d'où un niveau de la mer légèrement supérieur à l'actuel (+ 2 m). Puis ce fut le refroidissement rapide, la glaciation du Würm, se traduisant par la prise en glace des eaux continentales (d'immenses calottes glaciaires recouvraient la Scandinavie, la Sibérie et le continent nord-américain… et les glaciers alpins allaient jusqu'à la Bresse). Conséquence immédiate : le niveau de la mer baissa. Au paroxysme de la glaciation, il y a 18 000 ans (nos ancêtres peignaient la grotte de Lascaux), le niveau de la mer était 120 m plus bas, ce qui signifie que la Manche était à sec (la Manche n'étant en fait que la vallée de la Seine grossie par le Rhin !). Puis le climat s'est réchauffé (+ 5 °C en moyenne), provoquant la fonte de quelque 50 millions de kilomètres cubes de glaciers continentaux. Par conséquent, le niveau de la mer remonta (transgression holocène), jusqu'à atteindre le niveau actuel, il y a environ 6 000 ans (soit une remontée moyenne de plus de 1 m par siècle !). Mais la remontée n'a pas été régulière et a alterné phases de remontée rapide et paliers de stagnation, voire de légère régression. Certains siècles, la remontée de la mer a donc pu atteindre plusieurs mètres, de quoi traumatiser nos ancêtres… d'où ces légendes universelles de villes englouties.

Le niveau de la mer est proche de celui d'aujourd'hui depuis 6 000 ans environ, mais il a cependant connu des fluctuations historiquement notables, du moins sur la façade océanique :

- baisse d'environ 5 m du niveau de la mer à l'âge du fer avec un minimum à l'époque romaine, pour remonter à partir de 300 apr. J.-C.

- baisse de quelques décimètres entre l'an mille et le XIIIe siècle.

- baisse d'une vingtaine de centimètres au XVIIe siècle (« petit âge glaciaire »).

Ces baisses temporaires semblent cependant s'inscrire dans une tendance générale de légère remontée (1 à 2 cm par siècle depuis le début de notre ère), ceci étant lié à des causes purement naturelles.

Il y a 400 millions d'années (dévonien), la Terre tournait plus rapidement sur elle-même : une année comprenait environ 400 jours de 22 heures. La distance Terre-Lune n'était que de 300 000 km... Les forces d'attraction de la Lune étaient plus importantes (donc le marnage théorique plus grand), et le rythme des marées légèrement différent (flot et jusant plus courts). Mais il est difficile de comparer avec la situation actuelle, car du fait de la dérive des continents, la répartition des terres était tout autre.

# L'action anthropique

Aujourd'hui, à ces remontées et descentes naturelles du niveau de la mer, se surimpose une remontée du niveau de la mer liée aux activités humaines (anthropiques). C'est le fameux, et de moins en moins controversé, « réchauffement climatique ». Les marégraphes (celui de Brest fonctionne depuis le début du XIXe siècle) montrent

*Penhors (29), un exemple d'érosion des côtes : deux blochaus de la guerre 39-45 aujourd'hui sur l'estran.*

que la remontée du niveau de la mer s'est accélérée puisqu'elle serait de l'ordre de 20 cm en un siècle.

On pourrait s'étonner du manque de précision de ce chiffre alors que l'on dispose de marégraphes répartis un peu partout dans le monde. C'est que justement ces chiffres sont contradictoires : les marégraphes mesurent le niveau de la mer par rapport à leur implantation. Or la croûte terrestre n'est pas stable. Des mouvements tectoniques (failles) peuvent relever ou abaisser les côtes. Les mouvements isostasiques (réajustements de la croûte après les glaciations) ne sont pas terminés. C'est ainsi que, par exemple, les côtes norvégiennes continuent de se relever, tandis que les côtes grecques s'abaissent. Malgré tout, il est indéniable que le niveau de la mer remonte et qu'on observe même une accélération du phénomène.

Le lien a été fait avec l'augmentation de la teneur du dioxyde de carbone dans l'atmosphère depuis les débuts de l'ère industrielle (vers 1850) : la combustion de combustibles fossiles rejette dans l'atmosphère du dioxyde de carbone, et la déforestation réduit l'absorption de carbone par les plantes. Pour ces deux raisons principales, le taux de dioxyde de carbone augmente dans l'atmosphère (annuellement + 0,5 %). Or ce gaz laisse passer les radiations lumineuses (pas d'affaiblissement du rayonnement solaire), mais retient relativement les radiations caloriques (chaleur réémise par la Terre). C'est ce qu'on appelle l'effet de serre : on estime que la température moyenne du globe a ainsi augmenté de + 0,6 °C dans les latitudes tempérées au cours du XX$^{e}$ siècle.

Conséquence : le niveau de la mer augmente. Les études de terrain et les modélisations (Genthon, Ritz, Vincent Laboratoire de Glaciologie et Géophysique de l'Environnement) permettent d'établir une liste des facteurs responsables de cette augmentation.

– La fonte importante des glaciers continentaux (très nette pour les glaciers alpins) donne jusqu'à + 4 cm d'eau dans les océans.

– On remarque une fonte globale des calottes polaires (elles résistent mieux à cause des températures extrêmes à ces hautes latitudes) avec cependant un paradoxe :

La glace groënlandaise fond et donne + 1 cm d'eau dans les océans.

La glace antarctique progresse (en effet, elle ne fond pas, vu les températures ambiantes extrêmes, et les précipitations plus importantes y augmentent le stock de glace) et donne - 1 cm d'eau dans les océans.

L'effet de la déglaciation commencée il y a 18 000 ans se poursuit pour les deux calottes et donne + 5 cm d'eau dans les océans.

– La fonte du pergélisol du Canada et de la Sibérie donne + 0,5 cm d'eau dans les océans.

– La dilatation des océans suite à leur augmentation de température (effet stérique) donne jusqu'à + 7 cm d'eau dans les océans.

Si la remontée du niveau de la mer est aujourd'hui indéniable, qu'en sera-t-il au cours de ce XXI<sup>e</sup> siècle ?

On sait qu'il y a un retard estimé à environ quatre-vingts ans entre la cause et son effet. Et nos agissements aujourd'hui se répercuteront à la fin du XXIe siècle. Comme nous ne modifions pas nos comportements, la tendance du XXe siècle se poursuivra au XXIe siècle. Pour ce qui est du niveau de la mer, il faut donc s'attendre à une remontée du niveau de la mer actuellement estimée à environ + 1 m.

*Etretat (76) : vivier.*

*Granville (50) : porte du port.*

*Un peu de science-fiction…*

## Le jour où le Cotentin sera une île…

Si le réchauffement climatique persiste durablement, disons quelques centaines d'années, les glaciers continentaux ainsi que la calotte groenlandaise pourraient disparaître totalement. La dilatation thermique des océans s'amplifierait, et la mer pourrait remonter de plusieurs mètres. Or le Centre Cotentin est à si basse altitude qu'il serait submergé. Le Nord Cotentin deviendrait une île, ce qui changerait fondamentalement les marées de la Manche, car le Cotentin ne jouerait plus le rôle de barrière. Entre autres, les marées de la baie du Mont-Saint-Michel (et dans une moindre mesure celles de Bretagne Nord en général) seraient amoindries…

# Drôles de marées

*Quiberon (56) : la côte sauvage.*

# On pourrait en faire des dictons

Il n'y a pas de dictons propres aux marées, seulement des croyances tenaces.

Prenons le cas des dernières très grosses tempêtes mémorables du XX$^{e}$ siècle : l'ouragan de la nuit du 15-16 octobre 1987 a eu lieu en morte eau, celui du 26 décembre 2000 en vive eau. On ne constate donc pas de lien avec les marées…

Pourtant certains rythmes immuables pourraient être sujets à dictons :

« Si tu as les pieds dans l'eau, six heures après, il te faudra marcher » *(rythme semi-diurne)*.

« Si tu veux bien pêcher, cherche la Lune ronde ou pas de Lune » *(grandes marées en syzygies)*.

« Si tu ne veux pas te fatiguer, attends le quartier » *(marnage faible en quadrature)*.

« Quand les primevères sont en fleur, prépare ton épuisette » *(grandes marées d'équinoxe de printemps)*.

« Grosse Pleine Lune, grandes marées » *(marées de périgée)*.

A vous d'en inventer…

# Les marées de toutes les couleurs

Depuis quelques dizaines d'années, le mot « marée » associé à une couleur a pris des sens différents.

On parle ainsi de :

– marée noire (pollution marine par hydrocarbures) ;

– marée blanche (paysage recouvert par la neige) ;

– marée rouge (prolifération d'algues unicellulaires photosynthétiques, les dinoflagellés, proliférant lors de fortes chaleurs et produisant des neurotoxines, pouvant par la chaîne alimentaire remonter jusqu'à l'Homme) ;

*Neige à Ploumanac'h (22).* (Ph. J.-P. Scheer)

*Marée noire de l'*Amoco Cadiz *en 1978 à Trégastel (22).* (Ph. J.-P. Scheer)

– marée verte (échouage estival d'algues chlorophycées, les ulves, qui prolifèrent dans les fonds de baie en faible pente à cause d'apports excessifs d'engrais azotés sur les terres agricoles environnantes).

*Marée verte à Saint-Michel-en-Grève (22).*

# Les marées à toutes les sauces

Depuis des siècles, le mot « marée » est synonyme de produits de la mer (poissons et coquillages).

Aujourd'hui, on emploie encore le mot « marée » pour la vente des produits frais de la mer.

Qui n'a en mémoire l'anecdote du cuisinier Vatel en 1671 à Chantilly, qui, devant le retard de la « marée » transportée entre Boulogne et Paris par des chevaux boulonnais, se suicida…

Le chasse-marée était d'ailleurs le nom donné aux voitures rapides qui, jusqu'au XIX$^{e}$ siècle, transportaient la « marée » des ports de pêche aux villes et marchés.

*Halle à marée de Port-en-Bessin (14).*

*Le port de La Rochelle (17).*

C'est aussi le nom donné aux bateaux à trois mâts qui faisaient le cabotage le long des côtes.

On retrouve aussi le mot « marée » dans des locutions :
« Contre vents et marées » (malgré des obstacles)
« Arriver comme marée en carême » (inexorablement)
« Marée humaine » (foule immense lors de manifestations)...

Certains mots sont directement dérivés de « marée » :
Marégraphe : Instrument enregistreur des hauteurs de marée (mécanique ou électronique).
Marémoteur : Relatif à la force des marées (usine marémotrice de la Rance).
Mareyage : Travail du mareyeur.
Mareyeur : Grossiste achetant et acheminant les produits de la mer vers les poissonniers.

Pas d'air de famille, et pourtant...
Tidal (adjectif venant de l'anglais *tide* signifiant marée), employé par les scientifiques. A ce propos, il faut noter que le mot « marée » n'a pas d'adjectif en français... Marrant, non ? !

*Etal de poisson..*

*La marée du jour, Le Guilvinec (29).*

*Halle à marée de Granville (50).*

# Lexique de la marée

### Age de la marée
Intervalle de temps entre la syzygie et la marée de vive eau la plus proche.

### Basse mer
Niveau le plus bas atteint par la mer en fin de jusant, avant le flot. Abréviation : BM. Synonyme : marée basse.

### Coefficient de marée
Nombre proportionnel à l'amplitude de l'oscillation de la marée, caractérisant l'importance de la marée, variant de manière conventionnelle entre 20 et 120 (exprimé en centièmes). Abréviation : C ou CM.

### Courant de marée
Déplacement horizontal de particules d'eau de mer, caractérisé par une direction et une vitesse, lié aux pentes de la mer induites géographiquement par des différences dans les hauteurs d'eau et les heures de marée.

### Déchet
Période du mois lunaire pendant laquelle les coefficients de marée diminuent (entre la vive eau et la morte eau).

### Echelle de marée
Règle verticale graduée (en cm ou en dm) servant à mesurer les hauteurs d'eau.

### Estran
Bande côtière comprise entre les plus hautes mers et les plus basses mers, alternativement soumise à l'émersion et à l'immersion.

### Etablissement du port
Retard moyen de l'heure de la pleine mer sur le passage de la lune au méridien, établi pour la syzygie d'équinoxe.

### Etale
Temps pendant lequel le niveau de la mer ne semble pas bouger. Se dit d'une pleine mer ou d'une basse mer.

### Flot
Intervalle de temps entre une basse mer et une pleine mer. Synonymes : marée montante, flux, montée, montant.

### Jusant
Intervalle de temps entre une pleine mer et une basse mer. Synonymes : marée descendante, reflux, baissée, perdant.

### Laisse
Niveau atteint par la mer ; se dit essentiellement pour la pleine mer qui parfois y dépose des objets flottés dont des algues et des déchets.

### Marée
Mouvement périodique de la mer se traduisant par la montée et la baissée du niveau de la mer (oscillation verticale).

### Marégraphe
Appareil d'enregistrement automatique des variations du niveau de la mer.

### Marnage
Dénivellation entre une pleine mer et une basse mer ou une basse mer et une pleine mer. Abréviation : M.

### Mascaret
Crête déferlante de marée montante se propageant dans certains estuaires.

### Morte eau
Marée de faible amplitude, dont le coefficient est inférieur à 70, se produisant en quadrature. Abréviation : ME.

### Niveau de mi-marée
Niveau à mi-chemin entre la pleine mer et la basse mer.

### Niveau moyen
Moyenne des hauteurs d'eau observées d'heure en heure sur une très longue période, correspondant au niveau de la mer en absence de marée.

### Pleine mer
Niveau le plus haut atteint par la mer en fin de flot, avant le jusant. Abréviation : PM. Synonyme : marée haute.

### Point amphidromique
Point où l'amplitude des marées est nulle. L'onde de marée tourne autour de ce point.

### Raz de marée
Onde accidentelle de longue période liée principalement à un séisme, s'amplifiant en abordant les côtes, et se traduisant par une vague catastrophique. Synonyme : tsunami.

### Revif
Période du mois lunaire pendant laquelle les coefficients de marée augmentent (entre la morte eau et la vive eau).

### Seiche
Petite oscillation libre observée dans des baies, de périodes variables et liée à des conditions dépressionnaires.

### Tenue du plein
Etale de pleine mer exceptionnellement longue.

### Tidal (e)
Adjectif provenant de l'anglais *tide*, « marée », et se rapportant à ce qui concerne la marée.

### Unite de hauteur
Grandeur caractérisant chaque port, correspondant au demi-marnage d'une marée de coefficient 100. Abréviation : U

### Vive eau
Marée de forte amplitude, dont le coefficient est supérieur à 70, se produisant en syzygie. Abréviation : VE.

### Zéro
Niveau altimétrique de référence d'une carte. Pour les cartes marines, il correspond sensiblement au niveau des plus basses mers possibles.

# Abréviations utilisées

BM : basse mer
C : coefficient de marée
DQ : dernier quartier
hPa : Hectopascal
M : marnage
ME : morte eau
N : Newton
NL. : nouvelle lune
PL. : pleine Lune
PM : pleine mer
PQ : premier quartier
SHOM : Service hydrographique et océanographique de la Marine
T U : Temps Universel
U : Unité de hauteur
VE : Vive Eau

# Remerciements

L'auteur tient à remercier les personnes qui l'ont soutenu moralement et aidé matériellement pour la réalisation de cet ouvrage, et tout particulièrement Priscilla Abraham, Chantal Bonnot, Patrick Bougeard, Guy Dupuy, Marie-Paule Engel, Claude Ganter, Jean Glasser, Jacques Leclerc, Erwan Le Gac, Françoise Le Guern, Monique Le Vot, Andrée Menes, Jean-Pierre Scheer.

Pour les prédictions de marées sur les côtes françaises, nous conseillons la meilleure référence : ÉTABLISSEMENT PRINCIPAL DU SERVICE HYDROGRAPHIQUE ET OCÉANOGRAPHIQUE DE LA MARINE (SHOM) : BP 30 316 - 29603 BREST Cedex - www.shom.fr

Sauf mention spéciale, les photos sont de l'auteur. Les croquis et courbes sont de l'auteur.

# Table des matières

Editeur : Aurélya Streignart
Collaboration éditoriale : Séverine Perret
Maquette : studio des Éditions Ouest-France
ISBN : 2.7373.3505.1 - N° d'éditeur : 4745.01.09.06.04
Dépôt légal : juin 2004 – Imprimé en France par Mame Imprimeurs, Tours (37)